Ilija Trojanow

**Gebrauchsanweisung
fürs Reisen**

PIPER

Mehr über unsere Autoren und Bücher:
www.piper.de

ISBN 978-3-492-27719-8
2. Auflage 2019
© Piper Verlag GmbH, München 2018
Satz: Fotosatz Amann, Memmingen
Herstellung: Sieveking · Agentur für Kommunikation, München
Druck und Bindung: CPI books GmbH, Leck
Printed in the EU

Inhalt

- **7** Mein schönstes Ferienerlebnis oder Wenn einer eine Reise tut
- **17** *Intermezzo: Ein (Lieblings-)Ort*
- **20** Eine kurze Geschichte des Reisens
- **30** *Intermezzo: Ein (vergessener) Reisender*

Unterwegs in zwölf Etappen

- **35** 1. Stock und Hut
- **47** 2. Wegweiser
- **61** 3. Einsam oder gemeinsam?
- **71** *Intermezzo: Eine (individuelle) Gruppenreise*
- **75** 4. Proviant
- **89** *Intermezzo: Ein Essen (an drei Abenden)*
- **92** 5. Kauderwelsch
- **103** 6. Gipfel
- **115** 7. Gegenwind
- **125** 8. Durststrecke
- **134** 9. Fußläufig
- **144** *Intermezzo: Ein (letztes) Foto*
- **147** 10. Augen auf
- **160** *Intermezzo: Ein Autor (auf Reisen)*

- **163** 11. Pilgerschaft
- **172** 12. Vor der eigenen Haustür oder In den eigenen vier Wänden
- **182** *Intermezzo: Ein (sanfter) Fußabdruck*

- **187** Von einem, der auszog, das Reisen zu lernen
- **201** *Intermezzo: Ein (zauberhaftes) Buch*

- **204** Lesetipps
- **208** Danksagung

Mein schönstes Ferienerlebnis oder Wenn einer eine Reise tut

Der wahre Reisende hat keinen festgelegten Weg, noch will er ans Ziel.

Lao-tse

Ich weiß ja nicht, wie es Ihnen geht, aber wenn ich mit Freunden zusammenkomme, erzählen wir uns am liebsten Geschichten von gemeinsamen Reisen. Egal, ob wir unter uns sind oder in größerer Runde. Es gibt Erlebnisse, die müssen immer wieder beschworen werden. Etwa jenes, wie wir damals durch Rabat schlenderten, am letzten Tag einer anstrengenden und nicht immer beglückenden Reise, wie wir uns überlegten, ins Kino zu gehen, wie wir an einer Ampel einen sympathisch wirkenden Einheimischen ansprachen, wie dieser uns zuvorkommend zu einem Programmkino führte, das leider keine interessanten Filme zeigte, wie wir an seiner Seite weiterschlenderten und uns immer mehr ins Gespräch vertieften, bis der Mann uns zu einer Bäckerei mitnahm, wo er nach dem Rechten schauen musste, denn an diesem Abend heiratete seine Schwester, und ein kritischer Bruderblick auf die bestellten Köstlichkeiten war nötig. Wie er uns kleine Leckereien kredenzte, wie wir weiter gemeinsam durch die Stadt streiften und er uns spontan zur Hochzeit einlud, und wie beglückt wir waren, nach einem Monat in Marokko zum ersten Mal privat eingeladen zu werden. Wie wir ihn sogleich fragten, was wir als Geschenk mitbringen sollten, wie er dieses Ansinnen von sich wies, wir aber darauf beharrten, bis er nachgab, scheinbar unwillig, und vorschlug, wir könnten eine der Champagnerflaschen übernehmen, die er noch besorgen müsse, und wir erfreut einwilligten, aber nur, wenn jeder von uns eine Flasche mitbringen dürfe, und wie er uns von den Schwierigkeiten berichtete, Alkohol zu kaufen, weswegen er geradezu konspirativ einen Franzosen in der Nähe aufsuchen müsse, und wenn wir wollten, könne einer von uns ja mitkommen, worauf die zwei Freunde mir ihr ganzes Geld übergaben und ich diesem sympathischen Mann folgte, bis wir einige Minuten später einen Hofeingang erreichten und er mich bat, draußen auf ihn zu warten. Ich drückte ihm unser Geld in die Hand, er ging hinein. An dieser Stelle legen wir beim Erzählen eine Kunstpause ein, nehmen einen Schluck oder grinsen uns an, bevor ich weitererzähle, wie ich vor dem Eingang wartete, eine Viertelstunde, eine halbe

Stunde, bis meine Sorgen überhandnahmen, wie ich hineinging und mich erkundigte, doch keiner der Anwohner wusste etwas von einem Franzosen, und wie mir, als ich in meiner wachsenden Verzweiflung nach einem Champagnerverkäufer fragte, misstrauische und teilweise aggressive Reaktionen entgegenschlugen. Wie ich mich aufmachte, die Freunde zu suchen (ich hatte beim Hinweg nicht auf den Weg geachtet und nun Schwierigkeiten, den Platz zu finden, wo sie auf mich warteten), und wie ich schließlich verwirrt und eher zufällig meine Freunde fand und ihnen mitteilen musste, dass wir einem Meister unter Trickbetrügern aufgesessen waren.

Erfahrungen auf Reisen sind nicht immer angenehm. Im Gegenteil: Beim Reisen ist das Hässliche, das Unangenehme, das Scheitern zugleich das Faszinierende, das Bewegende, das Unvergessliche. Die Erlebnisse auf Reisen werden zu intensiven Erinnerungen destilliert. Wer also sein Zuhause in der Erwartung eines sicheren und geplanten Ablaufs verlässt, wer genau das erlebt, was er oder sie erwartet hat, der war zwar unterwegs, aber nicht wirklich auf Reisen. Wer sich auch fern der Heimat, rasiert oder unrasiert, ein Schnitzel zum Abendessen wünscht, am liebsten im klimatisierten Reisebus durch die fremde Stadt kutschiert und diesen nur für ausgewählte touristische Highlights verlassen mag, bleibt am besten gleich zu Hause und schaut im Fernsehen »Länder – Menschen – Abenteuer«.

Vielleicht ist das größte Reisehindernis heutzutage unsere Ängstlichkeit. Wir leben in Westeuropa in einer historisch betrachtet selten lang andauernden Phase des Friedens, doch leider scheint dies zu wachsendem Sicherheitswahn und gesteigerter Hysterie zu führen. Nicht verwunderlich, dass Länder mit gutem »Sicherheitsimage« – die Schweiz, Kanada, Australien, Japan und die skandinavischen Staaten – derzeit auf dem Reisemarkt die höchsten Zuwächse erfahren. Viele sind dem Irrtum aufgesessen, das Leben habe ein Geländer, ein Sicherheitsseil und einen dritten Fallschirm. Das tut auch dem Reisen nicht gut.

Wir könnten uns ein Beispiel nehmen an dem Briten James Holman, der in der ersten Hälfte des 18. Jahrhunderts als Blinder allein eine fünfjährige Weltreise unternahm. Holman empfand das Ungewisse als Lebenselixier. Er hat sich von der Mühsal des Reisens, von langen Phasen des Wartens und häufigen Gefahren kaum beeindrucken lassen. So, als beherzigte er das Diktum der taubblinden amerikanischen Schriftstellerin Helen Keller, die etwa hundert Jahre später schrieb: »Sicherheit beruht meist auf Aberglauben. Weder kommt sie in der Natur vor, noch ist sie jedem Menschenkind vergönnt. Die Vermeidung der Gefahr ist letztlich nicht sicherer, als sich ihr ohne Umschweife auszusetzen. Das Leben ist entweder ein waghalsiges Abenteuer oder vollkommen belanglos.«

Wir sind bereit, unsere Bürgerrechte einschränken zu lassen, damit wir vermeintlich vor einer statistisch verschwindend geringen Terrorgefahr geschützt werden. Wir fühlen uns unsicher, obwohl die Kriminalitätsraten beharrlich sinken. Weil wir in zivilisatorischen Blasen leben, schätzen wir Risiko falsch ein und lassen uns leicht einschüchtern. Außer auf vertrautem Terrain, etwa beim Autoverkehr. Da gehen wir erstaunliche Risiken ein. Wie viele Mitmenschen fahren auf der Autobahn lebensgefährlich dicht auf, hätten aber Bedenken, in eine motorisierte indische Rikscha zu steigen. Diese Widersprüche macht sich die Tourismusindustrie zunutze, indem sie uns ein kommodes, transportables Getto garantiert, eine Vollpanzerung gegen die Gefahren der Fremde: das luxuriöse Schiff, das internationalen Standards entsprechende Hotel, den Privatstrand, an dem sich keine aufdringlichen Einheimischen tummeln.

Die Tourismusindustrie muss das Produkt, das sie verkauft, erst erfinden. Das macht sie einerseits kreativ (siehe die Vielzahl an Spezial- und Nischenreisen, die in den letzten Jahrzehnten auf den Markt gekommen sind), andererseits entzaubert sie dadurch das Reisen. Denn das im Katalog ausbuchstabierte Programm ist ein Menü garantierter Leistungen; das Salz der Reisen hingegen ist das Unerwartete, die Überraschung. Für viele Reisende bestehen die Höhepunkte einer Reise im Nachhinein betrachtet aus nebensächlichen Augenblicken, die einen persönlich berührten; nicht aus den abertausend Mal reproduzierten Abziehbildern, sondern aus einem ganz und gar individuellen Erlebnis: In einer winzigen Gasse, in die wir uns verirrten, war ein uriges Café, in dem einige alte Männer Domino spielten, und weil wir stehen blieben, wurden wir hineingewinkt und tranken den besten Thé à la Menthe unseres Lebens, mit gerösteten Pinienkernen natürlich, und wir schauten den Männern beim Spiel zu und unterhielten uns mit Händen und Füßen. Dies ist nur ein beliebiges Beispiel, ein jeder von uns wird es durch etwas Eigenes und Unvergessliches ersetzen können.

In diesem Buch möchte ich versuchen, dem existenziellen Zauber des Reisens nachzuspüren, ohne Schwärmerei oder esoterische Verklärung, sondern eher pragmatisch gesinnt. Mich haben auf der ganzen Welt immer wieder jene spirituellen Traditionen beeindruckt, die aus einer handfesten Praxis herrühren: Gehen, Schweigen, Teilen. Getragen von der Erkenntnis, dass tieferes Empfinden einfache Instrumente der Weltbegegnung voraussetzt.

Bevor wir die Möglichkeiten des Reisens auf zwölf Etappen abschreiten, möchte ich beteuern, dass ich kein antitouristischer Snob bin. Wir sind heute alle Touristen. Und jedem anständigen Touristen missfallen die anderen Touristen. Jeder von uns hat schon mal den Satz von sich gegeben (oder zumindest gehört): Dort ist es mir zu touristisch! Meist begleitet von einem tiefen Seufzer, der impliziert, man selbst habe die Reinheit der unberührten Beschau genossen und gewürdigt, aber inzwischen sei der Ort leider abgegriffen von den vielen gierigen Blicken. Solche Klagen sind alt: Bereits 1817 schrieb der englische Dichter Lord Byron, Rom sei »verseucht von Engländern, eine Menge glotzender Tölpel«. Und sie ergeben nur Sinn, wenn man sich der Illusion hingibt, selbst kein Tourist zu sein. Eine Werbung am Flughafen von Dhaka machte sich vor Jahren diese Paradoxie zunutze, indem sie folgende Einladung aussprach: »Besuchen Sie Bangladesch, bevor die Touristen es entdecken!«

Es kann durchaus beglückend sein, dass ein Ort touristisch erschlossen ist. Denn nur an einem solchen Ort finden wir jene vielfältigen Inszenierungen vor, die wir oft suchen – die romantische Stimmung, zu deren Krönung nur noch eine Kleinigkeit fehlt, ergo ein kühles Glas Wein oder ein kaltes Bier zum Sonnenuntergang, ergo Infrastruktur, Strom, Verkehrsanbindung. Der Sonnenuntergang in der Wildnis hingegen fühlt sich eher bedrohlich an, weil man kurz darauf einer ungewissen Dunkelheit ausgeliefert sein wird und Geräuschen, die das stadtgewohnte Ohr nicht zuzuordnen vermag. Ein vom Tourismus eroberter und ausgestatteter Ort kann die Erfüllung von Wünschen, die Befriedigung von Sehnsüchten bedeuten. Der Strand einige Dutzend Kilometer nördlich der sehr touristischen kenianischen Stadt Malindi ist traumhaft: weißer Sand, hohe Dünen, kein Mensch weit und breit. Pure, wunderschöne Idylle. Man springt ins Wasser, wälzt sich im Sand. Aber nach einer Stunde fällt einem auf, dass es keine Duschen gibt und keinen Schatten, dass nichts zum Trinken oder Essen angeboten wird. Und man sehnt sich nach einem Cappuccino zum Meerblick. Es wäre ehrlicher, sich in das eigene touristische Schicksal zu fügen und die Zumutung zu akzeptieren, dass sich die halbe Menschheit ins British Museum drängt und zwängt. Dies hat seinen guten Grund – die weltweit beeindruckendste Sammlung globaler Kulturgegenstände, über Jahrhunderte hinweg zusammengehamstert und -geraubt. Im nur leicht abseits der berüchtigten ausgetretenen Pfade liegenden Fan Museum in Greenwich sind Sie zwar allein und können sich viel auf diese charmante Entdeckung einbilden, aber Hand aufs Herz: Würden Sie tatsächlich für einen skurrilen Fächer aus dem 18. Jahrhundert auf die Schätze des British Museum verzichten?

Wenn die Zeit drängt und das Ziel es vorschreibt, muss man den inneren Touristen – der eng verwandt ist mit dem inneren Bildungsbürger – einfach gewähren lassen und akzeptieren, dass viele andere ebenfalls dieses Ziel ansteuern. Sie werden niemals ein einsames Stelldichein mit Dürers Nashorn erfahren, es sei denn, Sie brechen nachts ins Museum ein. Ein gewisses Maß an Tourismus ist unvermeidlich und in Ordnung, nur sollte man es nicht mit Reisen gleichsetzen.

Reisen ist viel mehr als nur Ortswechsel. Laut dem Bundesinstitut für Bau-, Stadt- und Raumforschung pendeln 18,4 Millionen Bundesbürger wochentäglich zwischen Wohnort und Arbeitsplatz, zwanzig, dreißig, fünfzig oder gar hundert Kilometer weit. Natürlich reisen sie nicht. Viele besuchen regelmäßig ihr Wochenendhäuschen oder ihre Ferienwohnung, aber wer würde dieses Hin und Her als Reisen bezeichnen? Nicht wenige fahren oder fliegen einmal im Jahr irgendwohin, stets an denselben Ort – Urlaub als »Einmal-im-Jahr-Pendeln«.

Und doch prangt »Reise« auf jedem Angebot. Weil die Industrie, die Bewegung organisiert, sich »Reisen« auf die Werbefahnen geschrieben hat: Reiseunternehmen, Reisebüros, Reiseagenturen – zum größten Teil führen sie eine Art Pendelersatzverkehr durch. Zum Reisen gehört eine gewisse Anstrengung, Überwindung, Unbequemlichkeit – das Shopping-Weekend in New York oder das Spa-Wochenende am Bodensee befriedigt körperliche oder geistige Sehnsüchte, viel mehr aber auch nicht.

Trotz aller Bedenken glaube ich weiterhin an die möglichen Segnungen des Reisens – an die geernteten Früchte der Erkenntnis, an die erfahrenen Berührungen. Edgar Allan Poe hat in seinem Tagebuch einmal die seiner Ansicht nach wichtigsten Elemente des Lebensglücks notiert: Liebe, Kreativität, kein Ehrgeiz und – an vorderster Stelle – Reisen. Das Fernweh, die Neugier auf das, was sich hinter der nächsten Ecke finden lässt, das Bedürfnis, über den eigenen Tellerrand zu lugen, ist dem Menschen eingeschrieben. Daran hat sich nichts geändert, auch wenn beinahe jeder Erdenwinkel tausendfach im Internet abgebildet zu sein scheint und nirgends lexikonwürdige Entdeckungen winken. Mir selbst ist so etwas nur einmal »gelungen«, in den tansanischen Uluguru-Bergen, wo wir einen Affen vorbeihuschen sahen, den wir keiner der uns bekannten Arten zuordnen konnten; wir nahmen an, uns getäuscht zu haben, bis wir fünf Jahre später in der Fachzeitschrift *Science* lasen, Wissenschaftler hätten im Süden Tansanias den bis dato unbekannten Highland Mangabey (*Lophocebus kipunji*) identifiziert – kurz sonnte ich mich, für niemanden sonst sichtbar, in der Aura des Entdeckerruhms.

Trotz aller simulierten Realitäten, mit denen wir uns zunehmend umgeben, wollen wir weiterhin selbst sehen, riechen, anfassen, um danach stolz verkünden zu können: Ich war dort! Und nach der Heimkehr träumen wir von kommenden Reisen: »Ich war noch nicht überall, aber es steht auf meiner Liste.« Ich bin überzeugt, dass wir auch im 21. Jahrhundert reisen können, auch wenn die Welt geschrumpft ist und alle weißen Flecken ausschraffiert sind. Nur müssen wir uns darum bemühen – Reisen ist eine Kulturtechnik, die erlernt und verfeinert werden kann. Dieses Buch erzählt in zwölf Etappen und einem persönlichen Resümee von der Quintessenz meiner Aufbrüche und Ausflüge, meiner Wirrungen und Verirrungen. Möglich ist vieles, denn beim Reisen gibt es eigentlich kein Scheitern. In den Worten von Kurt Tucholsky: »Umwege erweitern die Ortskenntnis.«

Intermezzo: Ein (Lieblings-)Ort

Wenn ich gestehe, dass für mich Bombay der aufregendste Ort auf Erden ist, blicken mich die Leute argwöhnisch an, als würde ich ihnen faulen Fisch andrehen wollen. Ich fühle den Drang, wie der Conférencier in dem Musical »Cabaret« flehentlich loszusingen: *If you could see her through my eyes.* Wieso gerade Bombay? Vielleicht wegen des makabren Tanzes von Erschaffung und Erschöpfung, der hier tagtäglich frenetisch aufgeführt wird. Vielleicht, weil Bombay die eigene Menschlichkeit herausfordert, ebenso wie alle Sinne, mit einer Wucht, die das Leben anderswo langweilig und lahm erscheinen lässt.

Im Schatten von Hochhäusern schlagen sich etwa zwanzig Millionen Menschen (niemand weiß das so genau) in einem verwirrend-faszinierenden Mischmasch der Kulturen und Religionen auf engstem Raum durchs Leben, die Hälfte davon in Elendsquartieren; zugleich wohnen hier mehr Millionäre als in ganz Deutschland. Jeder in Bombay giert nach etwas, und doch finden sich auch Nischen der Entrückung und Entsagung: etwa Gurus, die über sieben Jahre hinweg die heilige Schrift Bhagavad Gita ihren Schülern erklären, einen Vers pro Woche.

Schon in der Früh offenbart sich die Vielfalt der Stadt: Frauen in Saris und Turnschuhen sowie Männer in zu engen Tennishosen drehen auf der Pferderennbahn in Mahalakshmi ihre Runden. Obdachlose schütteln sich den harten Bürgersteig aus den Knochen, waschen sich am Straßenrand in Plastikeimern. In dem Park, in dem Mahatma Gandhi die Quit-India-Bewegung ausrief, treffen sich die Mitglieder eines Lachklubs und kichern, gackern, giggeln, wiehern eine halbe Stunde lauthals, ihre Glieder flattern in alle Richtungen, eine Zeit völliger Ausgelassenheit, bevor sie sich ihrem beruflichen Alltag unterordnen.

Wie kann man Zugang zu diesem Moloch finden? Die Antwort lautet: zu Fuß, auch wenn dies einiges an Durchhaltevermögen, Aufmerksamkeit und Bedacht erfordert. Vom muslimischen Viertel Mohammed Ali Road zum Chor Bazaar etwa, dem »Markt der Diebe«. Die Zeiten der Hehlerei sind längst vorbei, und wer hofft, in den übervollen Antiquitätenläden ein Schnäppchen zu machen, hat die Rechnung ohne das Internet gemacht, heute schlagen die Händler den Kunden ein Schnippchen. Die jüngste Generation an Antiquaren steht zwar in einer alten Familientradition, ist aber zugleich bestens informiert, was Emailleschilder oder Spielzeugautos weltweit kosten. Besonders sehenswert ist die Seitengasse, in der sich Autoteile fast bis zu den Dächern der dreistöckigen Gebäude hochstapeln. Man benötigt aber einige Geduld, denn im Chor Bazaar steht, wie in ganz Bombay, das Filigrane neben dem Verrosteten, das Liebenswerte neben dem Scheußlichen.

Bombay (administrativ korrekt, aber historisch falsch Mumbai genannt) kann anstrengend sein, aber trotz aller sozialen Gegensätze und Ungerechtigkeiten gehört die Stadt zu den sichersten der Welt. Selbst nachts kann man unbesorgt spazieren gehen. Eigentlich gibt es nur zwei Dinge, die man in Bombay niemals tun sollte: im Ozean schwimmen und den neuesten Bollywood-Film von einem Sitzplatz im Parterre aus anschauen. Wieso? Das müssen Sie schon selbst erleben.

Eine kurze Geschichte des Reisens

Reisen ist fatal für Vorurteile, Bigotterie und Engstirnigkeit.

Mark Twain

Wer hat's erfunden? Wer war wohl der erste Mensch, der aus reiner Lust, allein aus Jux und Tollerei aufbrach? Der einfach nur wissen wollte, wie es hinter den Bergen, am anderen Ufer des Sees oder jenseits der Grenzen seiner Sippschaft aussah? Jäger und Sammler schwärmten aus, um Wild und Beeren zu ergattern, und brachten ihre Beute triumphal nach Hause, Pilger wallfahrten zu heiligen Stätten, um eine göttliche Pflicht zu erfüllen, Händler machten sich auf den Weg, ihre Güter dorthin zu transportieren, wo sie kostbarer waren. Soldaten wurden schon früh durch die halbe Welt getrieben – die einfachen Soldaten in der Armee von Alexander dem Großen waren wohl die weltgewandtesten Menschen ihrer Epoche, wenn sie die vielen Scharmützel und Schlachten überlebten.

Doch eines Tages kam ein Bewohner von Babylon, Damaskus, Athen oder Rom auf die Idee, er könnte sich doch einfach einmal so in der Welt umsehen, ohne Not und Zwang. Wir wissen nicht, wer er oder sie war. Eine Entdeckungsfahrt ohne ein bestimmtes Ziel vor Augen, ohne den Ehrgeiz, etwas zu erobern oder zu ergattern. Wieso eigentlich? Was uns selbstverständlich erscheint, ist aus anderem Blickwinkel ein Mysterium. Sich ohne Not Gefahren auszusetzen, sich zu verausgaben, das muss einem erst einmal einfallen und dann auch noch einleuchten. Vor Jahren war ich mit einem simbabwischen Kollegen namens Chenjerai Hove in seinem Land unterwegs. In den wunderschönen Matopos-Bergen zog mich ein Gipfel magisch an, wir hatten Zeit, ich lud Chenjerai zu einer kleinen Besteigung ein. Er schüttelte amüsiert den Kopf. Ich ging allein los. Als ich nach einigen Stunden zurückkehrte, fand ich ihn in der Dorfkneipe vor, umgeben von einer Schar bierlauniger Männer. »Wieso steigst du rauf, wenn du wieder runtermusst?«, fragte Chenjerai. Alle lachten. Sie waren sich einig, dass es völlig sinnlos sei, ohne Grund auf einen Gipfel zu steigen. Wenn es galt, an einem heiligen Ort in diesem Gebirge eine Zeremonie zu begehen, dann ja, aber einfach so? Chenjerai zog mich noch Tage und Wochen später auf – wie verrückt ist der weiße Mann, der meint, mit seinen Füßen auch noch den letzten

Winkel abgehen zu müssen. Auch nach einem knappen Jahrhundert Kolonialismus erschien ihm diese Form der Reiselust unverständlich.

Der Impuls zu reisen läutete eine kulturelle Zeitenwende ein, die sich irgendwann in der Antike vollzog. Noch heute können wir über die Via Appia gehen, rennen, hüpfen, fahren, an manchen Stellen sind gar noch die originalen Pflastersteine erhalten. Die alten Römer benötigten ein weit verzweigtes Straßennetz, um Waren und Waffen durch ihr riesiges, sich über drei Kontinente erstreckendes Reich transportieren zu können. Es dauerte nicht lange, bis sich Gelehrte und wohlhabende Feingeister zu Kaufleuten, Soldaten und Steuereintreibern gesellten. Die einen unternahmen Studienreisen, beobachteten Natur und fremde Menschen, die anderen hatten Erholung nötig. Bald blühte der Tourismus, Reiseführer und Souvenirhändler wurden einträgliche Berufe.

Nach dem Niedergang des Römischen Reichs kamen nicht nur Bäderkuren außer Mode, auch das Reisen um des Reisens willen. Nur wenige machten sich auf, die Welt zu erkunden, diese aber gründlich. So wie Abu Hamid al Gharnati, ein arabischer Geograf und Schriftsteller, der im 12. Jahrhundert von al-Andalus, der damaligen Wiege der Gelehrsamkeit, über Ägypten und Syrien bis nach Persien reiste, eine längere Zwischenstation in Ungarn machte, bis er nach Syrien zurückkehrte. Oder Ibn Batutta, der marokkanische Gelehrte, der knapp zweihundert Jahre später Spanien, Indien, Zentralafrika und den Süden Russlands durchstreifte und dabei in fünfundzwanzig Jahren rund 120 000 Kilometer zurücklegte. Beide verfassten ausführliche Erinnerungen an ihre Erfahrungen – die allerdings hierzulande im Schatten des wohl berühmtesten Reisenden der damaligen Zeit stehen, Marco Polo. Allen ist jedoch gemein, dass der Wahrheitsgehalt ihrer Aufzeichnungen immer wieder angezweifelt wird. *Si non è vero, e molto ben trovato.*

Im Mittelalter war das Reisen eine meist gefährliche Angelegenheit, Straßenräuber und Strauchdiebe lauerten, Soldaten marodierten durchs Land. Als Kaufmann wagte man sich meist nur in einer Karawane auf die Straße. Trotzdem waren manche gezwungenermaßen als Einzelreisende unterwegs: Deutsche Minnesänger und französische Troubadoure zogen von Burg zu Burg, Gauklervolk, Quacksalber, Spielleute von Dorf zu Dorf, brachten den Menschen, die im Lande blieben und sich redlich nährten, nicht nur Kultur, Kunststückchen und dubiose Arzneien mit, sondern auch Neuigkeiten aus aller Welt – der Bänkelsang als Weltspiegel.

Reisen, wie wir es heute verstehen, kam in Europa erst ab dem 16. Jahrhundert in Mode, als europäische, vor allem englische Adelshäuser ihren Nachwuchs zur Bildungsreise losschickten, damit dieser den nötigen kulturellen Feinschliff erhielt. Die Anfänge waren also durchaus funktional bedingt, Weltkenntnis sollte die eigene Finesse und Weisheit schulen. Die Herren (die Töchter mussten noch eine lange Weile warten, bis sie auch auf große Fahrt gehen durften) sollten *on the continent* Altertümer betrachten, fremde Sitten studieren und Sprachkenntnisse vertiefen. Oft stürzte sich der Jungadel allerdings nicht nur in kultivierte Abenteuer. Bevorzugtes Ziel auf dieser Kavaliersreise über den europäischen Kontinent war Italien (das für die Deutschen erst während der Romantik – »edle Einfalt, stille Größe!«, jubilierte Winckelmann – sowie ein weiteres Mal in den Wirtschaftswunderjahren zum Sehnsuchtsort werden sollte).

Die Grand Tour – wie diese aristokratische Bildungsreise genannt wurde – konnte Jahre in Anspruch nehmen: Von England setzte man zuerst nach Frankreich über, von Paris ging es nach Lyon und weiter in die Provence bis zur Côte d'Azur. Danach waren die Alpen zu überwinden. Deren Überquerung galt als mühsames Abenteuer. So berichtete ein Engländer im 17. Jahrhundert: »Am nächsten Morgen stiegen wir wieder über seltsame, schauerliche, beängstigende Felsengebirge und Einöden, (…) nur von Bären, Wölfen und Wildziegen bewohnt. Unser Blick nach vorne reichte nicht weiter als ein Pistolenschuss …«

So exzentrisch manch ein Reisender gewesen sein mag, die Route war meistens durch und durch konventionell, eine Aneinanderreihung von Sehenswürdigkeiten, die man gesehen haben musste. Kaum ein Engländer, schimpfte im 18. Jahrhundert der Dichter Giuseppe Baretti, interessiere sich in Italien für Unbekanntes abseits der berühmten Attraktionen.

Die schwärmerischen Reisebeschreibungen dieser englischen Aristokraten sind mit Vorsicht zu genießen, denn sie hatten wenig Kontakt zu Italienern und interpretierten das »Entdeckte« nach eigenem Gutdünken. Im besten Fall ließen sie sich von einem einheimischen Diener oder einer Zofe begleiten, als Ergänzung zum mitreisenden *gentleman's gentleman* (später als Butler profanisiert). Und der Beruf des Fremdenführers, der zur Zeit der Römer als Cicerone Schaulustige durch die Stadt führte, war noch nicht wiedergeboren.

Ihre Vorstellung der Fremde war beliebig und anmaßend, als Maßstab diente stets die eigene Wertvorstellung. An dieser Haltung hat sich leider bis zum heutigen Tag wenig geändert. Als ich vor etwa zehn Jahren zu einer Kreuzfahrt von Singapur nach Dubai eingeladen wurde, musste ich erfahren, dass auch das republikanische Bürgertum mitunter solch aristokratischer Hochnäsigkeit frönt.

Auch in einheimischen Gefilden tat sich etwas. Anfang des 18. Jahrhunderts wurde in England die Meeresküste als Freizeit- und Erholungsraum entdeckt. Deutschland zog 1793 nach, in Heiligendamm wurde das erste kontinentaleuropäische Seebad eröffnet. Davor fürchteten die Menschen das Meer, und an die Küste begab man sich nur, wenn man etwas zu erledigen hatte, so wie heute an einen Busbahnhof oder Flughafen. Auf einmal wurden Reisen an die See modisch. Nicht nur für Blaublütige, auch für das wohlhabende Bürgertum. Romantiker und Mediziner lobten das Meer, Sonnenbäder wurden empfohlen, Meerwassertrinken war kurzzeitig en vogue, mit Milch vermischt galt es gar als Allheilmittel. Bei Jane Austen ist der Besuch eines Strandbads nichts anderes als eine Kur. »Urlaub am Meer« wurde derart beliebt, der britische Adel sah sich genötigt, vor der Flut des »Plebs« Kurs auf die Côte d'Azur zu nehmen, wo ihm der Anblick von Krämersgattinnen und blassgesichtigen Bürovorstehern erspart blieb.

Zum Massentourismus war es nur noch ein industrieller Schritt: die Erfindung der Eisenbahn und der Dampfschiffe. Man musste nicht mehr vermögend sein, auch die wachsende Mittelschicht konnte sich eine Reise leisten. Ein gewisser Thomas Cook bot 1841 den Mitgliedern der Abstinenzlerbewegung von Leicester eine Eisenbahnreise ins elf Meilen entfernte Loughbourough an. Im Preis von einem Shilling inbegriffen waren Hin- und Rückfahrt sowie *tea and buns*. Cook hatte früh zu reisen begonnen, zu Fuß und fast ohne Geld. Als Wanderprediger seiner Baptistengemeinde verbreitete er das Wort Gottes, verteilte fromme Traktate und gründete im Süden der Midlands Sonntagsschulen, bevor er Gruppenreisen durch englische Landstriche organisierte. Zwar war er nicht der Erste, aber die Legende – und die Tatsache, dass es immer noch ein Unternehmen gibt, das seinen Namen trägt – stilisiert ihn zum Erfinder der Pauschalreise. »He brought travel to the millions«, steht auf seinem Grabstein – »Er hat Millionen Menschen das Reisen ermöglicht.«

»Zu den Eigentümlichkeiten unserer Zeit gehört das Massenreisen«, bemerkt einige Jahrzehnte später Theodor Fontane, selbst eher einsamer Wanderer und Flaneur. »Sonst reisten bevorzugte Individuen, jetzt reist jeder und jede. Kanzlistenfrauen besuchen einen klimatischen Kurort am Fuße des Kyffhäuser, behäbige Budiker werden in einem Lehnstuhl die Koppe hinaufgetragen, und Mitglieder einer kleinstädtischen Schützengilde lesen bewundernd im Schlosse zu Reinhardsbrunn, daß Herzog Ernst in fünfundzwanzig Jahren 50 157 Stück Wild getötet habe. Sie notieren sich die imposante Zahl ins

Taschenbuch und freuen sich auf den Tag, wo sie in Muße werden ausrechnen können, wie viel Stück auf den Tag kommen. Alle Welt reist.«

»Alle Welt reist« – so lautet seitdem die Klage aller Individualreisenden. Das Individuum fühlt sich beraubt von der Gruppe. Denn wer einen mühsamen Weg auf sich nimmt, kann sich in der Illusion wiegen, er habe eine Entdeckung gemacht, nicht aber in Gegenwart einer Busladung von Touristen. Schon 1826 beschwert sich die englische Schriftstellerin Anna Jameson bei ihrer Abreise aus Paris: »Ist nicht alles, was noch über Paris (…) gesagt werden könnte, schon in den getreuen Berichten vieler berühmter Reisender erzählt worden?« Und der bereits erwähnte James Holman schreibt verächtlich von »parfümierten Müßiggängern, die auf der Suche nach Eindrücken von einer europäischen Stadt zur nächsten flattern«.

In rasantem Tempo wurden zuvor abgelegene Ziele in das neue Streckennetz integriert. 1890 brach der Reichspostdampfer *Kaiser Wilhelm II* zu einer Fahrt in die norwegischen Fjorde auf. Mit so großem Erfolg, dass der Norddeutsche Lloyd bald darauf regelmäßig Kreuzfahrten auf dem Mittelmeer anbot. Abenteuer verwandelten sich innerhalb einer Saison in Ausflüge.

Als letzten Schritt galt es nun noch, die Lüfte zu erobern. Anfänglich war diese Art des Reisens den oberen Zehntausend vorbehalten, zuerst von Waghalsigkeit, kurz darauf von Glamour und Exklusivität umweht. Doch es dauerte nicht lange, da wurde das Flugzeug zum massenhaft genutzten Transportmittel. Der Rest der Welt war nur noch einen Katzensprung entfernt.

Der Schlusspunkt der touristischen Versorgung war die Erfindung der Reisepakete. Alles organisiert, man muss sich um nichts kümmern. Segen oder Fluch? Es ist nicht gesichert, wer das All-inclusive-Konzept erfand, als führender Kandidat gilt der Belgier Gérard Blitz. Angeblich kam dem ehemaligen Résistancekämpfer, Wasserballspieler und späteren Yogi die Idee dazu während eines Korsikaurlaubs. Eine Insel, auf der man damals noch nicht an jeder Straßenecke Napoleonbüsten in allen erdenklichen Größen feilbot. 1950 errichtete Blitz auf Mallorca den ersten »Club Méditerranée« und brachte die Besucher, die sein Rundum-sorglos-Paket gebucht hatten, in Armeezelten unter. Niemand sollte mehr durch lästige Bezahlvorgänge oder die verzweifelte Suche nach der nächsten Gaststätte vom eigentlichen Ziel des Urlaubs abgelenkt werden: die Befreiung von allen Alltagssorgen. Nach der Bezahlung eines Fixpreises wurde man umfangreich verköstigt und konnte sich gänzlich der Erholung widmen. Die berühmt-berüchtigten Animateure hielten erst später Einzug, als sich der Club vom Verein zum kommerziellen Unternehmen wandelte.

Erst in den letzten Jahrzehnten ist der Tourismus zu einem Massenereignis geworden. Zu einer »neuen Krankheit, die um die Mitte der Fünfzigerjahre überhandzunehmen begann und sich immer noch weiter ausbreitet. Diese Krankheit – ihre wissenschaftliche Bezeichnung lautete *travelitis furiosus* – ist die Folge eines ›Wirtschaftsaufschwung‹ genannten Bazillus«, wie der britische Satiriker George Mikes schon zu Beginn diese Entwicklung schrieb. Die Krankheit hat sich inzwischen zu einer Epidemie ausgeweitet. Zwischen 1969 und 2016 hat sich zum Beispiel der Anteil der Österreicher, die zumindest einmal im Jahr eine Urlaubsreise antreten, von knapp 28 Prozent auf rund 60 Prozent erhöht. In knapp fünfzig Jahren hat sich die Gesamtzahl der jährlichen Reisen vervierfacht, der Großteil davon sind mittlerweile Auslandsreisen. Bedenklich ist der Trend zur Kurzreise, zu jenen so beliebten Städtetrips zum Beispiel, die in drei Tagen absolviert sind, bei denen sich somit das Unstete des Reisens kaum einstellen kann, die aber ökologisch besonders schädlich sind.

Heute existieren alle historischen Reiseformen nebeneinander. Man kann sich auf einer Sänfte tragen und von einer Rikscha befördern lassen, man kann auf Fahrrädern die Pässe von Ladakh erklimmen oder auf einer schwimmenden Kleinstadt die Karibik verkosten, man kann allein mit einer Kreditkarte und einer Zahnbürste aufbrechen oder eine Studienreise buchen, bei der die Museumsbesuche auf die Minute genau terminiert sind. Heute ist alles möglich: zu reisen sowie dem Reisen aus dem Weg zu gehen.

Intermezzo:
Ein (vergessener) Reisender

Frühe Reisende – ob Marco Polo oder Ibn Battuta – benutzten Karten, auf denen Flüsse neben Drachen verzeichnet waren (mit dem Hinweis *hic sunt dracones*). Wahrheit bedeutete für sie eine gute Erzählung. Unter diesen im doppelten Sinne »legendären« Reisenden war der Minnesänger Heinrich von Morungen, ein Zeitgenosse Walthers von der Vogelweide, der vielleicht geheimnisvollste.

1200 begab er sich auf eine Pilgerschaft ins Heilige Land. Bis dahin hatte er auf der Wartburg provenzalische Poesie übersetzt und seine eigenen Gedichte wie bei den Minnesängern üblich in Musik gefasst, »denn ein Vers ohne Melodie ist wie eine Mühle ohne Wasser«. Da er im Wesentlichen von den Troubadouren beeinflusst war, flossen arabische (Sufiya), jüdische und osteuropäische (katharische) Elemente in seine Lieder ein. Nun reiste Heinrich von Morungen diesen Einflüssen entgegen.

Seine Reise führte ihn weit über Jerusalem hinaus, auf die absolvierte Pilgerreise folgte eine ziellose Weiterfahrt. Wieso und auf welchen Wegen, wissen wir leider nicht.

Wohin er auch kam, fand er Entsprechungen zu seiner Kunst und neue Inspirationen. Er reiste nach Süden, er reiste nach Osten. Viele Jahre lang, auf der Suche nach dem Klang und dem Wort, das seiner Sehnsucht nach Liebe gerecht würde – (die) Liebe als Mysterium, als Glaubensinhalt, als Lebenselixier. Er tauchte ein in die Welt der Templer, er tauschte sich aus mit äthiopisch-koptischen Sängern. In Vorderasien begegnete er der Mystik der Sufis, in Indien dem Bhakti-Kult und seinen ekstatischen Hymnen, die alle Grenzen zwischen Gott und Mensch verwischen.

Niemand weiß, wohin er gereist ist, denn er führte nicht Buch, er schrieb keine Briefe. Er reiste und dichtete. Doch in seinen Gedichten sind die Einflüsse der fernen Fremde sichtbar und hörbar. Nach sieben Jahren auf staubigen Wegen kehrte Heinrich von Morungen eines Tages heim, seine Kunst bereichert, sein Glauben gefestigt. Vermutlich war er auf seiner Reise bis ins südindische Madras gekommen, wo sich der Legende nach das Grab des Apostels Thomas befindet, denn das Kloster in Leipzig, dem Heinrich von Morungen nach seiner Rückkehr beitrat, verzeichnete 1212 die Übergabe von Reliquien dieses Heiligen.

Unterwegs in zwölf Etappen

1. Stock und Hut

Wer glücklich reisen will, reise mit leichtem Gepäck.

Antoine de Saint-Exupéry

»Reisen wäre so einfach«, vertraut mir eine ältere Frau auf der Terrasse einer Safari-Lodge an, »wenn es nur nicht das viele Gepäck gäbe.« Ich traue mich nicht, sie zu fragen, wieso sie denn so viel Gepäck benötige. Bei zuverlässig warmem Wetter und reichlich Gelegenheit, waschen zu lassen. Was füllt ihren Koffer derart, außer dem schwerwiegenden Missverständnis, auf Reisen den Alltag fortführen zu müssen, auch hinsichtlich der Garderobe?

Wenn es einen Ratschlag gibt, den man jedem Reisenden ins Notizbuch der guten Absichten hineinschreiben sollte, dann wäre es folgender: je weniger Gepäck, desto besser. Das gilt fast immer und überall (Ausnahmen wären Reisen in die Antarktis oder nach Spitzbergen). Wer leicht reist, dem fällt das Reisen leichter. Weniger Logistik, weniger Kopfschmerzen. Nicht nur, weil man weniger zu schleppen hat, sondern auch, weil man die materiellen Sorgen zu Hause lassen kann. Was, wenn das teure Hemd Spritzer abbekommt? Was, wenn das Goldarmband jene Straßendiebe anlockt, die angeblich überall lauern? Was immer man mitnimmt, sollte man ohne großes Bedauern verlieren können.

Die Angst um den eigenen Wohlstand überwiegt meist die Freude am mitgeschleppten Komfort. In einer Zeit, in der sich manch einer Gedanken über das rechte Maß des täglichen Konsums macht, eignet sich eine Reise aufs Beste, die eigenen asketischen Neigungen auf die Probe zu stellen. Provisorisch, auf Zeit. Wer die Bescheidung schwer erträgt, kann ja schon wenige Wochen später in seinem begehbaren Schrank Trost suchen. Zumal wir heute in den allermeisten Regionen der Welt alles finden können, was wir benötigen, um in dem jeweiligen Land zurechtzukommen.

Im Großen und Ganzen reisen ja Wohlhabendere zu Ärmeren und nicht umgekehrt. Während Slumtouren in Rio de Janeiro oder Soweto en vogue sind, gelingt es Slumbewohnern eher selten, durch die Villenviertel des Nordens zu schlendern. Insofern sollte jedem Reisenden bewusst sein, dass er oder sie eine wandelnde und gelegentlich schwitzende Verkörperung extremer sozialer Unterschiede ist und das, was ihm materiell selbstverständlich erscheint, anderswo Ausdruck unvorstellbaren

Reichtums ist. Etwa die Armbanduhr von Maurice Lacroix, die einzige Uhr, die ich mir je gekauft habe (in Hongkong, wo es kilometerweit nur Uhren gibt, verpackt in den schillerndsten Farben des Sonderangebots). Ich hätte sie nie und nimmer nach Marrakesch mitnehmen sollen. Nun bin ich uhrlos – aber leider nicht zeitunabhängig –, und irgendwo in Marokko hat es eine unerwartete Sause gegeben. Wer mit wertvollen Objekten in die Regionen des Elends reist, erklärt sich einverstanden mit unfreiwilliger individueller Umverteilung.

Wer dem Asketischen so gar nicht zugeneigt ist, kann sich dem Neuland einkaufend nähern. Was Hosen oder Socken betrifft, ist die kulturelle Differenz zwischen, sagen wir einmal, Deutschland und Spanien nicht derart groß, dass der Besuch eines iberischen Basars locken würde. Wer aber nach Indien gelangt, sollte gleich zu Anfang eine Kurta Pajama erwerben – daher unser Wort »Pyjama« – oder einen Lungi. Klimatisch viel angemessener als die bequemste Jeans, und der Kontakt mit Einheimischen ist im Nu hergestellt, schon beim Einkauf. Die Beratung, welches Oberteil dem Kunden am besten steht, welche Hose dazu passt, bringt einen unwillkürlich in physische Nähe zur Fremde. Die Hosen herunterlassen kann ungeheuer befreiend sein.

Zumal man sich in fremder Kluft selbst anders erfährt. Da die meisten Männer in Europa durchaus nachvollziehbar keinen Rock tragen mögen – Schotten natürlich ausgenommen –, können sie es in der Fremde versuchsweise wagen, Wickelröcke wie etwa einen Lungi oder einen Sarong in schillernden Farben zu tragen. Sie würden erfahren, wie herrlich sich diese Kleidungsstücke bei heißschwülen Temperaturen anfühlen. Da kann die kürzeste Shorts nicht mithalten. Oder wie wäre es mit einem Hemd, einer Bluse frisch vom Webstuhl, einer kostbar bestickten Weste – andere Länder, andere Stoffe. In einen Sari hineingeschlüpft oder einen Stetson aufgesetzt, und schon fühlt man sich verändert, dem Reiseland näher – das Spiel mit der Identität kann beginnen: ich bin viele – oder aber unwohl, dann lässt man derartige stoffliche Anverwandlung in der Folge sein. Es hat seine guten Gründe, weshalb der Mensch im Urlaub dazu neigt, sich ein Ideal-Ich zusammenzuzimmern und dieses anderen zu präsentieren.

Was wäre geeigneter, mit den Einheimischen in Kontakt zu kommen, als die urmenschliche Interaktion des Handels? Man erfährt nicht nur Wissenswertes über das Objekt der Begierde, sondern auch einiges darüber, wie sehr sich ein schlichter Einkauf in der Fremde von der Transaktion zu Hause unterscheiden kann. Haben Sie beim Kauf eines Puzzles im Laden eines bekannten oberschwäbischen Spieleherstellers bei Milchkaffee eine geschlagene Stunde mit der Verkäuferin beratschlagt, was Sie lieber nehmen sollten: Schloss Neuschwanstein birkenblattumrankt oder doch eher das niederländische Gemälde, auf dem ein Schiff sturmumtost sinkt? In Ägypten verbrachte ich, bei süßem Pfefferminztee, der aufmerksam nachgegossen wurde, anderthalb Stunden mit der Wahl eines Backgammonbretts. Der Ladenbesitzer und ich führten in seinem abenddämmrigen Geschäft im Souk von Luxor einen verbalen Pas de deux auf, bei dem wir anfänglich nach guter alter Sitte so taten, als wären wir an einem Kauf beziehungsweise Verkauf überhaupt nicht interessiert. Wir unterhielten uns über Politik (heikles Thema), Musik (aufschlussreich für beide), ägyptische Leckerbissen (sehr inspirierend für meinen nächsten Cafébesuch), bis wir uns nach und nach den verschiedenen intarsierten Schönheiten widmeten, von denen sein Geschäft überquoll. Nach zähen Verhandlungen, bei denen jeder von uns sein Gesicht zu wahren hatte, schieden wir voneinander, beide höchst zufrieden mit dem Ergebnis.

In Kaschmir suchte ich einen großen und wegen der dortigen Unruhen völlig leeren Teppichladen gleich zweimal auf, weil ich so beeindruckt war, dass der Verkäufer mir beim ersten Mal unter tausend Kelims genau jenen vor den Füßen ausgerollt hatte, in den ich mich sofort verliebte. Ich war entschlossen, keinen Teppich zu kaufen, nicht zuletzt, weil ich zu dem Zeitpunkt keine Wohnung hatte. Ich würde völlig falsch vorgehen, klärte mich der Mann geduldig auf, zuerst komme der Teppich, dann das Haus. Er umgarnte mich mit so vielen leichtfüßigen Komplimenten und Weisheiten, dass ich schließlich entgegen meiner Absicht und obwohl ich seine Strategie durchschaute, den Teppich doch erwarb (er liegt meinem Schreibtisch zu Füßen). Glücklicherweise muss man solche Erwerbungen heutzutage nicht mit sich herumschleppen; jeder anständige Händler in Asien wirft sofort den Köder aus, natürlich werde man den Schrank, Tisch, Paravent, Gartensessel und so weiter kostenfrei verschicken, egal wohin …

»Gepäck« meint aber nicht nur den vertrauten, meist überflüssigen Inhalt der eigenen Koffer und Taschen, das kleine portable Heimatland gewissermaßen, sondern im übertragenen Sinne auch die mehr oder weniger stark ausgeprägten eigenen Vorurteile und Besserwissereien. Gerade diese sollten wir unterwegs in Gefahr bringen, je heftiger, desto besser! Das Geläufige, das Bekannte stellt alle möglichen Behauptungen auf, gegen die wir uns reisend zur Wehr setzen können. Im Alltag erhält ein jeder von uns selten die Gelegenheit, oberflächlichen Einordnungen und Schubladen etwas Persönlicheres, Differenzierteres entgegenzusetzen. Wir kleiden uns in tradierte Vorurteile und schotten uns dadurch ab vor der Fremde, den Fremden. Wirft man diesen Ballast ab, wird man reichlich belohnt, es kommt zu einer Begegnung zwischen der Fremde und einem selbst, und man nähert sich dem eigentlichen Ziel einer Reise: der Veränderung. Wer so reist, begibt sich auf eine Suche im Schatten des Offensichtlichen. Im Unerwarteten können wir uns von dem Päckchen, das ein jeder von uns zu tragen hat, befreien. Wenn auch gelegentlich widerwillig.

Nur weniges ist unentbehrlich. Der Pass natürlich – und nicht zu vergessen eine farbige Fotokopie des Passes, bevorzugt nicht zusammen mit dem Pass aufzubewahren – sowie ein Papierausdruck mit wichtigen Namen, Adressen und Telefonnummern. (Handys gehen kaputt oder verloren, gerade im wichtigen Moment versagt der Akku, und kein Stecker weit und breit.) Reiseerfahrene lernen ihre Passdaten auswendig, das erleichtert und beschleunigt das Ausfüllen lästiger Formulare ungemein.

Verzichten würde ich auch nicht auf eine Reiseapotheke, abgestimmt auf das jeweilige Land und die eigenen Bedürfnisse (mehr dazu im Kapitel »Proviant«). Denn bei aller Abenteuerlust und Offenheit: Mit Fieber und Schüttelfrost sollte man sich nicht radebrechend um das passende Medikament bemühen müssen. Einige Teebeutel können auch nicht schaden, denn heißes Wasser bekommt man überall, guten Tee hingegen selten (und nie auf Flügen). Zu erwähnen wären auch gut eingelaufene Schuhe. Alles andere ist überflüssig, von einigen wenigen persönlichen Notwendigkeiten abgesehen. Bei mir gehört ein Notizbuch dazu, und ein mir genehmer Kugelschreiber, um ein Reisetagebuch zu verfertigen. Was man schwarz auf weiß vor sich hat, kann man nicht nur getrost nach Hause tragen, sondern es prägt sich dem Gedächtnis anders ein. Reflexionen über Stadt/Land/Menschen vertiefen das Gesehene und Erlebte. Schon James Howell, ein Waliser, der im 17. Jahrhundert ein frühes Reisehandbuch mit dem Titel »Instructions for Forraine Travell« verfasste, war der Meinung: »Der Stift hinterlässt die tiefsten Furchen und befruchtet und bereichert die Erinnerung mehr als alles andere.«

Wer gerne liest, wird gewiss das eine oder andere Buch einpacken oder auf seinen E-Reader laden, aber es empfiehlt sich, die ausgewählte Lektüre vor Reiseantritt zu prüfen. Schon manch einer ist in fernen Landen verzweifelt, weil der Urlaubsroman so gar nicht hielt, was der Werbetext auf dem Umschlag beziehungsweise im Internet versprach, und weit und breit kein Buchladen, der Alternativen geboten hätte. Auf einem Flug nach Neuseeland hatte ich einen dicken Science-

Fiction-Schmöker eingepackt, weil ein Rezensent behauptet hatte, auf der langen Anreise nach Neuseeland habe er diesen Roman im doppelten Sinne »im Flug verschlungen«. Leider kann man sich über Geschmack nur streiten, das Buch war zäh und langweilig, der Flug zog sich in die Länge.

Mit wenig Gepäck zu reisen beschenkt einen mit der Erkenntnis, mit wie wenig man auskommen kann. In manchen Fällen auch auskommen muss, denn bei langen Wanderungen wiegt jedes Paar Schuhe nach einigen Stunden doppelt, und man wünscht sich, man hätte die drei T-Shirts, die plötzlich mehr als überflüssig wirken, brav im heimischen Schrank hängen lassen. Wenn Sie zu Fuß durch die Savanne, die Wüste oder über die Berge stapfen, ist Eitelkeit unangebracht. Aber das wissen Sie bestimmt schon selbst.

Heerscharen von Reisebloggern und Profiweltenbummlern bieten im Internet (oft nützliche) Tipps an zum Thema: Wie packe ich den Koffer, die Wochenendtasche, den Rucksack am effizientesten. Da werden die Leerräume in den Schuhen mit Socken vollgestopft, Unterhosen schmiegen sich in BH-Schalen, sämtliche Kleidungsstücke, bis auf unhandliche Sakkos, werden gerollt, jede Ecke wird aufs Beste ausgenützt. Bei Rucksackreisen wird jeder Gegenstand nicht nur auf sein Gewicht überprüft, sondern auch optimiert – jedes Gramm wiegt. Da werden Zahnbürsten abgesägt, bei Cremes die kleinsten Reisepackungen gewählt, abbaubare Bioseife ersetzt das Duschgel, Damen nehmen Slipeinlagen mit (so lassen sich Unterhosen mehrere Tage lang einigermaßen hygienisch tragen). Und Babypuder hilft nicht nur gegen das Wundreiben, sondern saugt auch Schweiß auf. Nicht nur an der Kleidung – Lycra-T-Shirts wiegen weniger als baumwollene –, an der Fußbekleidung kann ebenfalls gespart werden: Übersteigt das Gewicht auf dem Rücken nicht acht Kilogramm, sind Trailrunning- oder halbhohe Light-Trekking-Schuhe völlig ausreichend. Ein Feldversuch mit US-Soldaten ergab, dass die Gewichtsersparnis beim Schuhwerk fünfmal so viel ausmacht wie eine Gewichtsersparnis auf dem Rücken.

Früher hingegen nahm der geübte Globetrotter gerne seinen halben Hausstand mit (Wallis Simpson und der Duke of Windsor waren angeblich stets mit hundert Gepäckstücken unterwegs). Man reise mit mindestens einem Schrankkoffer, der sich im florentinischen Gucci-Museum zwar edel ausnimmt, aber auch mindestens zwei Träger erforderte – ein in Europa heute fast ausgestorbener Beruf. Auch die faltbare Badewanne, mit denen sich die feinen Herrschaften im 19. Jahrhundert belasteten, ist aus der Mode gekommen. Da man vor Ort keinesfalls mit britischem Landgutstandard rechnen konnte, denn die Unterkünfte in den Poststationen waren recht spartanisch, war man mit großem Gepäck unterwegs: eigenes Bettzeug, Geschirr, Medizin, Kleidung, und wer gern jagte, nahm gleich auch noch seine Hundemeute mit.

Die meisten Koffer sind bei der Rückreise gewichtiger als beim Reiseantritt. Der Wunsch, ein Andenken an eine wunderbare Zeit zu erstehen, ist in uns allen fast übermächtig. »Souvenirs, Souvenirs«, sang schon Bill

Ramsey, »kauft sie, Leute, kauft sie ein, denn sie sollen wie das Salz in der Lebenssuppe sein.« Ob Getöpfertes, handbestickte ungarische Taschentücher oder der klassische Hahn von Barcelos, den fast jeder Portugalreisende ins heimische Dekor zu integrieren versucht und dabei ebenso scheitert wie jene, die mittels rotem Dalarna-Pferdchen ihrem Wohnzimmer einen skandinavisch schnörkellosen Touch à la Carl Larsson verpassen wollen. Wandteller, Schneegestöber mit Neuschwanstein, Tassen mit »Gruß aus Bozen«, winzige Eiffeltürme – der heutzutage überwiegend in Fernost produzierten Scheußlichkeiten gibt es inzwischen unendlich viele.

Souvenirs sind Trostpreise. Das Bedürfnis nach ihnen hängt damit zusammen, dass Reisen erst daheim »ausgewertet« werden, die Übersetzung ins persönliche Erinnerungsarchiv somit nachträglich erfolgt, nicht zuletzt im Gespräch mit Freunden und Kollegen, bei einst überaus beliebten Diaabenden, die inzwischen fast ausgestorben sind (dafür in großen Hallen mit Riesenleinwand von hoch professionellen Referenten präsentiert werden). Das Durchblättern der Fotos, ob auf Papier oder digital, definiert im Nachhinein den Urlaub. Daher auch der Wunsch nach der unverzichtbaren Urlaubsbräune, selbst wenn sie nur wenige Wochen anhält. Sie verkörpert die Sehnsucht, die Auszeit der Reise möge im Alltag nachklingen.

Mitbringsel aus fernen Landen werden aufgrund ähnlicher, meist unbewusster Wünsche erworben. Die Souvenirs bilden durch ihre Anwesenheit ein Langzeitecho der viel zu kurzen und viel zu schnell verblassenden Reise. Einer meiner Freunde besitzt eine Schale, in der eine faszinierend vielfältige Steinsammlung wohnt. Von jeder seiner Wanderungen durch alle möglichen Ecken Europas hat er sich ein Exemplar mitgebracht, und jedes birgt ganz persönliche Erinnerungen an Gipfel, Durststrecken, Begegnungen. Eine Bekannte kauft überall wunderbare Stoffe, die in Deutschland nicht erhältlich sind, schneidert sich die fantastischsten Röcke und präsentiert sich beim nächsten Wiedersehen in Lila-Petrol mit: »Heute trage ich Bhutan.«

Im Zimmer neben meiner Bibliothek steht eine Mitgifttruhe aus dem westindischen Bhuj. Sie enthält Weine aus aller Welt, auf Reisen aufgelesen und nach Hause geschleppt, weil ich mit dem Geschmack des Weins einen vergangenen Augenblick festzuhalten hoffe (was allerdings leider meist misslingt). Wenn ich eine dieser Flaschen öffne, nippe ich an meinen Erinnerungen, unternehme eine Kopfreise ganz im doppeldeutigen Sinn des Worts. Wenn die Weinflaschen alle ausgetrunken sind, ist die Truhe trügerisch leer, es also an der Zeit für einen weiteren Aufbruch, um sie erneut zu füllen, und doch ist sie voll mit mir unbekannten Sehnsüchten und Hoffnungen, so wie sie einst vollgepackt war mit der wertvollen Mitgift für die Lebens- und Ehereise.

Heutzutage sollten wir am ehesten die Instrumente der digitalen Kommunikation zu Hause lassen. Wer mit seinem Smartphone reist (oder gar Tablet beziehungsweise Laptop mitschleppt), der verbringt viel zu viel Zeit damit, nach dem nächsten WLAN zu suchen und die heimischen Entwicklungen zu verfolgen. Der hat die Tür zu seinem Alltag nicht wirklich zugemacht, der lädt alle möglichen Sorgen dazu ein, ihn nach Bali zu begleiten. Fasten ist eine uralte menschliche Kulturtechnik, die auch hinsichtlich des Digitalen Wunder wirkt. Als ich vor Kurzem ohne elektronisches Gerät nach Tunesien aufbrach, war ich schon nach drei Tagen so erholt, als hätte ich mich einer geistigen Kneippkur unterzogen. Außerdem war ich bass erstaunt, wie wenig Relevantes ich in den Nachrichten beziehungsweise auf den sozialen Medien verpasst hatte. Die Erde dreht sich ohne Pushnachrichten weiter. Und auch Informationen können schwer wiegen.

2. Wegweiser

Der Deutsche reist, um seinen Reiseführer nachzuprüfen: Sobald er sieht, dass sich der Ponte di Rialto an der richtigen Stelle befindet, der Schiefe Turm an dem vorgeschriebenen Platz in Pisa steht und sich in dem versprochenen Winkel neigt (…) kehrt er heim mit dem erfreulichen Gefühl, nicht bemogelt worden zu sein.

George Mikes

Ein Niederbayer ist für ein Jahr nach Kanada gezogen, um fernab der Zivilisation eine Blockhütte zu bauen und das ersehnte einsame Leben zu leben. Als Lektüre nimmt er den Survivalratgeber eines amerikanischen Autors mit. Dieser weltbekannte Fachmann für das

Überleben in der Wildnis schwärmt von der nahrhaften und schmackhaften Wurzel der gelben Wasserlilie, ein Lieblingsgericht – so schreibt er – der Indianer, die einstmals in dieser Region heimisch waren. Also paddelt unser Einsiedler eines Tages, als er die Eintönigkeit seiner Fischdiät nicht mehr erträgt, auf den See hinaus, um einige dieser Wurzeln zu erbeuten. Es erweist sich als mühsame Arbeit. Von der Hauptwurzel gehen unzählige kleinere Wurzeln ab, die tief ins Wasser hinabreichen und mit weiteren Wurzeln zu einem undurchdringlichen Geflecht verwachsen sind. Der Mann muss in das schlammige Wasser tauchen, mit seinem Messer durch das Wurzelgeflecht schneiden, das er mit seinen Händen ertastet, immer wieder nach Luft schnappen und weiter hauen und sägen, bis er ein ellenlanges Stück Hauptwurzel abgetrennt hat. Stolz kehrt er mit seiner Beute nach Hause zurück. Er schält die Wurzel und kocht sie. Gespannt setzt er sich auf einen Baumstamm zum Abendessen. Die Wurzel schmeckt wie Galle, wie konzentrierte Galle. Er versucht alles, er brät die Wurzel, verarbeitet sie zu Brei, doch der Gallegeschmack lässt sich nicht vertreiben. Sein Hunger auch nicht. Und zum Angeln ist es zu spät. Schließlich schneidet er in seiner Verzweiflung die Wurzel in kleine Stücke und brät diese so lange in Fett, bis sie fast verkohlt sind. Dann schluckt er die Stückchen herunter, so schnell, dass seine Schleimhäute keine Zeit haben, die Galle zu schmecken. Und wünscht sich ingrimmig, der weltbekannte Survivalexperte säße neben ihm und wäre gezwungen mitzuessen.

»Man sieht nur, was man weiß.« Mit diesem Goethe-Spruch bewerben seit Karl Baedeker immer wieder Verlage ihre Reiseführer. Und vergessen hinzuzufügen: »… und übersieht alles andere.«

Was für eine merkwürdige Gewohnheit, mit einem Buch zu reisen, das uns vorab informiert, wie, wo und was wir sehen werden. Und wo wir die authentischen und zugleich preiswerten, filigran gestanzten *Wayang-golek*-Puppen erwerben können. Niemand würde auch nur im Traum daran denken, zu einem ersten Rendezvous mit einem Ablaufplan des zu erwartenden Flirts aufzubrechen. Eher unangenehm wäre die Auskunft vorab, der erste Kuss werde auf der Terrasse des Restaurants beim Betrachten des Neumonds erfolgen. Die Intensität des Erlebens hängt bekanntlich von einer gewissen Unschuld ab. Und doch provoziert kaum etwas so sehr wie die Anregung, einmal auf den Reiseführer zu verzichten. Wann immer ich das jemandem nahelege, werde ich angestarrt, als hätte ich vorgeschlagen, mit verbundenen Augen durch den Urlaub zu kriechen.

Reiseführer sind Segen und Fluch zugleich, Geländer und Scheuklappe in einem. Wie auf einer Speisekarte werden Kirchen, Museen, Geheimtipps für Restaurants, Trödelmärkte und Aussichtspunkte offeriert – der Gast muss lediglich auswählen, tauscht dabei seine Eigeninitiative gegen Informationen aus Profihand ein. Warum sollen wir mit eigenen Augen suchen, die Füße unbeschriebene Gassen hinabwandern lassen, wenn gewiefte Globetrotter das Beste vom Besten für uns herausgefiltert haben?

So entgeht uns die Freude an eigenen Entdeckungen, die sich ganz anders einprägen als die mit Sternen oder Ausrufezeichen empfohlenen. Die kleine hutzelige Kapelle inmitten einer Häuserzeile, die wir nur gefunden haben, weil wir uns durch die Straßen treiben ließen, hinterlässt einen bleibenderen Eindruck als die berühmteste Barockbasilika der Stadt. In Lissabon, einer Stadt voller verzaubernder Ecken, stolperte ich müde und überhitzt in eine Kirche hinein, die von außen wenig hermachte und keinem Reiseführer mehr als einige Sätze wert wäre. Das Innere war alles andere als schön, im Gegenteil, es wurde dominiert von Spuren der Zerstörung. An den Säulen waren Brandspuren sichtbar, manches in dieser *igreja* war eingerußt. In einer Vase steckten verwelkte Blumen, und die Kerzen flackerten wie gebrechliche Hoffnungen. In einer kleinen Apsis erblickte ich eine Mutter Gottes. Sie war nicht schön, sie war nicht »künstlerisch wertvoll«. Aber die Figur vermittelte mir augenblicklich das Gefühl des Verlustes, der Qual. Ich konnte mich nur schwer von ihr lösen. Sie hat mich mehr berührt als jedes bildhauerische Meisterwerk der Stadt.

Reiseführer nehmen das Wort »Sehenswürdigkeit« viel zu ernst. Das Sehenswerte ist einem Objekt nicht eingeschrieben, sondern besteht aus einem dynamischen Prozess zwischen Betrachter und Betrachtetem. Je nach persönlichen Interessen und momentaner Laune kann das vermeintlich Marginale eine existenzielle persönliche Bedeutung erlangen.

Ein Hindernis für das moderne Reisen besteht darin, dass wir zu viel wissen. Viel zu viel. Nichts gegen Bildung, aber eine profunde Vorbereitung steht dem Staunen und Erstaunen im Weg. Nicht nur haben wir eine klare Vorstellung von der Schönheit der Attraktionen entlang unserer Route, wir sind auch umfassend vorgewarnt. Nicht einmal Montezumas Rache kann uns ereilen, wir erwarten sie, bewaffnet mit Kohletabletten; jeder Moskitostich und sogar die Unzuverlässigkeit der Zugverbindungen sind uns vom Reiseführer bereits angekündigt worden.

Eigentlich wissen wir schon alles über einen Ort, bevor wir ihn überhaupt erreichen. Nicht nur der Reiseführer, sondern auch die Bilderflut, die tagtäglich über uns zusammenschlägt, prägt die Erwartungen, die während des Urlaubs vor Ort zu erfüllen sind. Viele Indienreisende besuchen den Tadsch Mahal, doch keiner von ihnen hat das Bauwerk nicht zuvor schon auf unzähligen Fotos bewundert, bei strahlendem Sonnenschein oder im schönsten Abendlicht. Was die Fotos nicht zeigen, sind die Bettler, die einen vor dem Eingang belagern. Das Areal selbst ist derart überlaufen, dass ein romantisches Foto auf der Diana-Gedächtnis-Bank nicht möglich ist. Ständig latschen andere Touristen durchs Bild, vertreiben einen vom Marmorsitz. Nun stellen Sie sich vor, Sie würden zufällig nach Agra kommen, herumstreifen, und plötzlich schimmerte im Hintergrund ein weißer Schemen. Bestimmt ein Trugbild, dächten Sie und liefen darauf zu, und auf einmal erblickten Sie dieses Stein gewordene Denkmal einer Liebe zum ersten Mal in Ihrem Leben. Sie wären überwältigt. Es ist das Unerwartete, das begeistert. Und wenn Sie im Abenddämmer aus dem kühlen Oktogon ins rosaweiche Licht träten, könnten Sie auf der anderen Uferseite des Yamuna-Flusses das schwarzmarmorne Spiegelbild des Gegenstücks (die Grabstätte des Großmoguls Shah Jahan persönlich) entdecken, das leider nie gebaut wurde. So hinreißend zauberhaft könnte dieses jahrhundertealte Postkartenmotiv realiter sein. Natürlich ist das unmöglich, aber allein die Vorstellung …

Reiseführer sind nicht generell schlecht recherchiert oder geschrieben. Es gibt sensible, nachdenkliche, hintergründige, findige Vertreter dieses Genres. Aber unabhängig von ihrer Qualität vermitteln sie uns stets das trügerische Gefühl, mit ihnen das Beste aus unserer Reise herausholen zu können. Doch das Beste existiert nicht als universelle Kategorie. Reiseführer sollen den Urlaub optimieren, dabei geht es darum, auf Reisen dem alltäglichen Diktat der Optimierung zu entfliehen. Indem die Reiseführer Prioritäten und Schwerpunkte setzen, errichten sie Hierarchien des Wissens und der Wahrnehmung. Und wir fügen uns brav und fleißig in diese Ordnungen – fast mit schlechtem Gewissen, denn wie sollen wir all diese Attraktionen, wie sämtliche Best-of-Listen abarbeiten? Es gibt noch so viel zu sehen, also treibt uns der Reiseführer zur Eile an und vereitelt den Müßiggang, das Flanieren, das Ziellose.

Wie steht es aber mit Reiseführern aus Fleisch und Blut, in virtuellen Zeiten von betörendem Retrocharme, so als gingen wir mit einem Oldtimer auf Kaffeefahrt? Es gibt Reisen, auf denen wären wir ohne das geübte Auge eines Einheimischen verloren. Safaris in Kenia etwa wären ohne Männer wie unser Fahrer David Blindflüge.

David sieht nicht nur, was allein er weiß, sondern er weiß mit der Weitsicht dreißigjähriger Erfahrung, wo es etwas zu sehen gibt. Während seine Schäfchen ihre europäischen Augen über die Savanne irrlichtern lassen und höchstens einen Webervogel, der sich in anderthalb Meter Entfernung dekorativ auf einem Ast niedergelassen hat, erspähen und mittels des vom Reisebüro spendierten Faltblatts identifizieren, visiert er zielsicher einen gerade noch so am Horizont erkennbaren grauen Felsen an. Nach fünfminütiger Fahrt entpuppt sich der Fels als graues Nashorn, ein alter Gentleman, der bedächtig vor dem Geländewagen über die Piste stapft. In diesem Fall sehen die Reisenden nur, was David sieht.

Bevor Karl Baedeker in Deutschland ab 1835 den Reiseführer zum Allgemeingut werden ließ, war man auf Fremdenführer vor Ort angewiesen. Auf *guides, cicerones, guias*. Wie jenem auf der Akropolis, der mit ausladender Geste alle fünfzehn Sekunden wiederholte: *»All marble, all marble.«* Ich war damals zehn, und wenn ich an das klassische Griechenland denke, fällt mir seitdem als Erstes dieses Mantra ein. Oder die leutseligen älteren Herrschaften auf europäischen Schlössern, die mit den Namen von Kaisern, Königen und Fürsten um sich werfen wie mit Konfetti, sei es der Fünfte oder der Siebte oder der Große oder der Krumme oder dessen Sohn, der wiederum die Tochter des Kahlen ehelichte … Schon beim Hinausgehen aus dem Prunksaal oder Refektorium oder Audienzzimmer haben wir fast alles wieder vergessen.

Ich würde gerne die Besucher von Schlössern und Burgen befragen, wie viel sie sich gemerkt haben von der Informationsfülle, die sie daran hinderte, nach eigenem Gutdünken das für sie persönlich Sehenswerte herauszuschälen.

Vielerorts wird man bedrängt, wenn man ohne einheimischen Führer durch die Innenstadt, den Souk oder das Areal einer Sehenswürdigkeit schlendert. In solchen Fällen empfiehlt sich die »Strategie Tadsch Mahal«: Man nehme sich einen Führer, lasse sich von ihm durch die Menschenmassen und Eingangstore lotsen, lausche seinen allgemeinen Ausführungen zur Geschichte und parke ihn dann auf einer der Bänke unweit des Grabmals, um in Ruhe und ohne andauernde Informationsflut die Schönheit der Architektur zu bestaunen. Kurz vor Verlassen des Geländes hole man ihn ab und danke ihm freundlich und großzügig für seine hervorragenden Dienste. An manchen Orten ermöglicht nur ein leibhaftiger Reiseführer einen halbwegs ruhigen Rundgang.

Nicht nur Fakten gehören zum Handwerk der schriftlichen wie auch der schwitzenden Reiseführer, sondern auch der Verkauf von Illusionen. Mehr Schein als Sein hat Tradition beim Tourismusmarketing. So wurde bereits James Holman 1821, als er auf seiner Weltreise durch Köln kam, wie unzählige andere Reisende geneppt, denn ihm wurde das Haus Nr. 10 in der Sternengasse als Geburtshaus von Rubens verkauft – was bedeutend gewichtiger klingt als die Wahrheit: »Hier verbrachte Rubens seine Kindheit.« Beurkundet wurde diese Aufwertung ein Jahr später durch ein Schild, das der findige Kunstsammler Ferdinand Franz Wallraf am Haus anbringen ließ und seitdem unzählige Touristen dorthin gelockt hat. Die Fehlinformation hält sich wacker bis heute, und wenn man kürzlich die Rubens-Ausstellung in Frankfurt besuchte, feierte sie unter den Besuchern flüsternd fröhliche Urstände. (Geboren wurde der kleine Peter Paul übrigens in Siegen.)

Manchmal möchte man als Tourist natürlich auch betrogen sein, warum sonst pilgern in Verona jährlich Unmengen von Literaturfreunden und anderen Stadtbesuchern in den Innenhof der Via Capello 23? Mit in den Nacken gelegtem Kopf starren sie zu jenem Balkon hoch, auf dem Julia auf ihren Romeo gewartet haben soll. Ein Vorbau, der nicht aus der Renaissance, sondern aus dem Jahre 1935 stammt, als es die Veroneser leid waren, seit Jahrhunderten permanent erklären zu müssen, es existiere kein Capulet-Balkon. Sie bauten einen ehemaligen Stall zum Patrizierhaus um und pappten einen Sarkophag dran, der seitdem zahllosen Laien-Julia-Darstellerinnen als Winkpodest dient.

Am besten, man nutzt Reiseführer als Leitfaden zum antizyklischen Verhalten. Auf die Empfehlung »Fahren Sie im Monat B nicht nach Y, denn dann herrscht dort Regenzeit« sollten Sie just diesen Monat für Ihre Reise auswählen, um festzustellen: Der Monsun in Indien gehört zu den schönsten Jahreszeiten. Zumal man sich inzwischen ohnehin kaum mehr auf die klassischen Wetterabläufe verlassen kann. Leicht verwundert ob der täglichen Regenschauer auf Sri Lanka, erklärten mir die Einheimischen unisono, das sei erst seit einigen Jahren so, der Regen halte sich nicht mehr wie früher an bestimmte Zeiten. So werden Reiseführer auch ihre wetterdienstliche Funktion verlieren.

Zu bemitleiden ist, wer auf Floskeln wie »jenseits der ausgetretenen Pfade« oder »rechtfertigt einen Umweg« hereinfällt. Wer in Zeiten der digitalen Allgegenwärtigkeit noch an »Geheimtipps« glaubt, der hat jede Warteschlange verdient. Leider sind viele von uns darauf versessen, »die besseren Reisenden zu sein«, denn die anderen Reisenden stören uns ungeheuer. »Geheimtipp« behauptet im Klartext: Dieses Fleckchen Erde ist vom Tourismus noch nicht verseucht. Wer aber solche Orte tatsächlich entdeckt, behält sie für sich. Selbst jene unter uns, die eine »Gebrauchsanweisung« schreiben …

Ein zweites nichtssagendes Zauberwort geistert durch die Reiseführer: »authentisch«. Die Unsicherheit des modernen Menschen hinsichtlich seiner vielfältigen Beziehungen zur Welt soll gedämpft werden, indem das Wahrhaftige und Echte der Sehenswürdigkeit verbürgt wird: Dies ist ein *typisches* einheimisches Haus, dies ist *genau* der Ort, wo der Nationalheld gefallen ist, dies ist der Schreibtisch, an dem der Kaiser *tatsächlich* den Ersten Weltkrieg erklärt hat. Das Prinzip funktioniert so wie die Inflation behaupteter Reliquien (wie viele Splitter vom Kreuz Jesu, wie viele Barthaare des Propheten Mohammed?). Die Glaubwürdigkeit ist erheblich weniger wichtig als die Behauptung. Der Bürgermeister der kleinen bulgarischen Stadt Sozopol erklärte bei einer Pressekonferenz, die archäologischen Funde auf einer im Schwarzen Meer vorgelagerten Insel enthielten zweifellos Knochen Johannes' des Täufers, weswegen er in Zukunft verstärkten Tourismus erwarte. Von Magiern wissen wir, dass ihre Tricks nur funktionieren, weil die Zuschauer betrogen werden wollen. Ganz ähnlich verhält es sich mit den touristischen Illusionen. Ergo bewirbt die Touristik mit großem Eifer das Pittoreske, Historische, Althergebrachte, das Ursprüngliche ebenso wie die angeblich unberührte Natur oder die malerischen Schäfer, die ihrem Beruf nachgehen wie unzählige Generationen vor ihnen. Kontinuität ist in einer sich dynamisch verändernden Welt ein Verkaufsargument. »Authentisch« ist nichts anderes als ein Konzept der Inszenierung.

Lassen Sie also öfter mal den Reiseführer Reiseführer sein, denn dieser sagt Ihnen kaum etwas, was sich nicht mit geringem Aufwand auf eigene Faust recherchieren ließe. Nichts einfacher auf der Welt, als herauszufinden, wo der Bahnhof, das Postamt, die Oper liegt. Statt sich einem Autor anzuvertrauen, der vor zwei Jahren drei Tage in einer Stadt verbrachte und einige Restaurants abklapperte (und sich dabei eventuell mehr auf die lobpreisenden früheren Urteile von Kollegen stützte), fragen Sie lieber einen Einheimischen, das Resultat wird zuverlässiger und origineller sein. »Wo gehen Sie essen, wenn Sie Geburtstag feiern?«, »Welcher Winkel Ihrer Stadt begeistert Sie am meisten?« oder aber »Wie heißt die Kuchenspezialität dieser Stadt?« – wundern Sie sich allerdings nicht, wenn Sie diese in den Konditoreien nicht finden, dafür jede Menge *muffins* und *brownies*, so ist es uns in Oslo mit der berühmten, aber flüchtigen *Kvæfjordkake* ergangen.

Die vom Reiseführer angepriesenen Sehenswürdigkeiten sind ohnehin meist unübersehbar. Nehmen wir etwa das Fort von Kélibia im Norden Tunesiens. Es ist weithin sichtbar, weil es hoch oben auf einem Felsen thront. Wer davon gelesen hat, hält auf der Küstenstraße danach eifrig Ausschau. Um wie viel schöner, um die Ecke zu biegen und das Fort zu erblicken. So oder so, an diesem Bauwerk kommt keiner vorbei.

Am äußersten Nordwestzipfel der Küste Cornwalls gerät man an wärmeren Tagen automatisch in den Sog der Blechlawine, die Kurs auf St. Ives nimmt. Menschenmassen strömen in die hochgelobte pittoreske Hafenstadt, die Parkplätze sind proppenvoll, und die Souvenirverkäufer reiben sich erfreut die Hände. Welchen Wert hat also die Information, dieses Städtchen sei eine der malerischsten Ecken Cornwalls? Gegenüber in derselben Bucht: Sanddünen, idyllische Strände, ein Naturgebiet, Virginia Woolfs Leuchtturm – alles nahezu menschenleer. Daraus könnte man schließen: Sehenswürdig ist das, was nicht im Reiseführer steht!

Während sich die Besucherscharen in die Uffizien schlängeln (in diesem Zusammenhang ein handfester Tipp: Buchen Sie Ihre Tickets vorab im Internet, nicht nur für internationale Museen, sondern auch für groß beworbene Ausstellungen auf heimischem Boden) und auf dem Ponte Vecchio die Massen sich vor den Schmuckgeschäften ballen, stehen auf einer der anderen Brücke nur vereinzelte Betrachter. Nur wenige schlendern auf die andere Seite des Arno zum Palazzo Pitti und zum Giardino di Boboli. Auf dieser Seite der Stadt gehen Florentiner ihrem Alltag nach, in Straßen, die noch nicht museal erstarrt sind, in denen die Zeit noch nicht konserviert worden ist. Man hört kaum Englisch/Deutsch/Französisch/Chinesisch, sondern jenen italienischen Dialekt, der zur Standardsprache des Landes wurde. Doch in der Hochsaison kann es auch hier vor auswärtigen Besuchern nur so wuseln.

Zurück zu den Ursprüngen, als die Hand noch nicht mit dem Smartphone verwachsen war und das GPS einen noch nicht autistisch durch enge Gassen zum geheimsten Geheimtipp leitete, als man die Hausfassaden und nicht das Kopfsteinpflaster sah, weil die Augen noch nicht starr aufs Display geheftet waren. Als man noch mit fragendem Blick den Stadtplan in der Hand studierte, sofort als Ortsfremder, als Ratbedürftiger identifizierbar war und unausgesprochen an die Hilfsbereitschaft der Einheimischen appellierte. Oder diese aktiv einforderte.

Unvergessen die Suche nach einem Totempfahlpark in einer Kleinstadt im Mittleren Westen der USA. Wir waren zu Fuß unterwegs, in der Hand ein Faltblatt mit Informationen zum Museum, das wir am Morgen aus dem Motel mitgenommen hatten. Wir schlenderten in die vermeintlich richtige Richtung, blieben immer mal wieder stehen, um uns in den Straßen umzusehen, worauf sich jedes Mal ein Einheimischer auf uns stürzte, ob wir uns denn verlaufen hätten, ob er oder sie uns irgendwohin mitnehmen könnte. Einige boten an, uns gleich zum Museum zu chauffieren, das fünfzehn Minuten zu Fuß entfernt war – in den meisten amerikanischen Städten, die keine *pedestrian cities* sind, für die Bewohner ein unvorstellbarer Gewaltmarsch. Freundlich, aber nicht aufdringlich waren alle bereit, uns mit Rat und Tat beizuspringen, und in den Gesprächen erfuhren wir vieles mehr über die Stadt und erhielten obendrein noch jede Menge Tipps für die nähere und weitere Umgebung in den Rucksack gesteckt.

Keine Gebrauchsanweisung ohne Geheimtipp: Nehmen Sie statt eines Reiseführers ein literarisches Werk mit, aus welchem Jahrhundert spielt keine Rolle. Sie werden Ihren Urlaubsort mit anderen Augen sehen und reichhaltig mit Assoziationen und Reflexionen beschenkt. Streifen Sie mit Charles Dickens durch London oder mit José Lezama Lima durch Havanna. Wählen Sie – wie immer – Qualität: Dante führt einen besser durch Florenz als Dan (Brown).

3. Einsam oder gemeinsam?

*Hier in der Fremde wollte er sich mit sich selbst
beschäftigen und seine Seele reinigen.*

Rafik Schami

Vor einigen Jahren trat ich zum ersten Mal in meinem Leben eine organisierte Reise an. Man machte mir ein Angebot, das ich nicht ablehnen konnte: drei Wochen Kreuzfahrt, alles bezahlt, und meine einzige Aufgabe bestand darin, eine Lesung an Bord zu geben. Überdies dachte ich mir, ich sollte meine Vorurteile überprüfen, vielleicht sei ja die Art, wie Kreuzfahrer ihren Urlaub verbringen, schöner als von mir vermutet. Es stellte sich heraus, dass meine Vorurteile der grausigen Realität nicht das Wasser reichen konnten. Ich erlebte eine weltabgewandte Verkostung, bei der scheibchenweise so viel Fremde eingenommen wurde, dass man den Geschmack erahnen, aber auch umgehend wieder vergessen konnte. Jeder Tag war durchgetaktet: Anlandung, in die aufgereihten Busse steigen, mit einem Pulk durch die aufgebrezelten Straßen laufen, zurück aufs Schiff. Und alles eingerahmt vom Rhythmus des Buffets, dieser allmächtigen Tafel des Überflusses.

Eigentlich trifft der Begriff »Gruppenreise« auf Kreuzfahrten nicht zu, eher müsste man von »Kleinstadtreisen« sprechen: Zusammen mit Tausenden Mitpassagieren gleitet man auf schwimmenden Neubausiedlungen, die sich in keiner Weise den äußeren Verhältnissen anpassen, durch die Welt. Meist ist man unter sich, auf hoher See, eine selbstständige Einheit, die gelegentlich – wie symbolisch – einen fremden Hafen anläuft, für einige Stunden, bevor sie sich wieder zurückzieht, ins Eigene, Behütete, Umsorgte.

Die Gruppenreise verkündet weithin hörbar und sichtbar: *Am besten ist es, unter seinesgleichen zu bleiben.* In Mopti am Niger wanderte ich stundenlang durch die Gassen und saugte die Flüchtigkeiten auf, die sich mir boten, lauschte den vielen eigenartigen, mir unbekannten Geräuschen. Da bog ich um die Ecke und geriet ohne Vorwarnung mitten in eine Reisegruppe hinein, die aufgrund ihrer Größe Probleme hatte, durch die engen Gassen zu schlüpfen. Diese Gruppe erzeugte so viel Lärm – unvermeidbar: die Vielzahl der klickenden Fotoapparate, die Rufe des Führers, die Erregung verschiedener Stimmen –, dass die Reisenden unmöglich hören konnten, wie der Schmuck an den Ohren und

Armen der Pheul-Frauen klirrte, wie der Harmattan durch die Ritzen rauschte, wie die Sandalen über den lehmigen Boden kratzten.

Grundsätzlich gilt: Reisende sollten weniger Lärm machen als die Fremde. Das ist auf Gruppenreise oft schwer möglich. Die Stille ist ein wunderbarer Begleiter, verdeutlicht uns auf eigene Art und Weise, wie sehr sich eine Reise vom Alltag unterscheidet. Selbst wenn es sich mit dem selbst gewählten Partner, dem Seelenverwandten, streckenweise wunderbar schweigen lässt, kann man Stille nur erfahren, wenn man allein unterwegs ist.

Nachdem ich der Gruppe entronnen war, musste ich an Mungo Park denken, einen jungen Schotten, der vor mehr als zweihundert Jahren die Geheimnisse des Niger lüften wollte. Bei seiner ersten Expedition war er fast allein, es begleiteten ihn nur ein Dolmetscher und ein Diener. Es war eine erlebnis- und erfolgreiche Reise, über die er einen aufregenden Bericht verfasste (T. C. Boyle hat ihm in »Wassermusik« ein literarisches Denkmal gesetzt). Bei seiner zweiten Expedition führte Mungo Park dreißig britische Soldaten ins westafrikanische Inland. Von dieser Reise kehrte er nicht zurück.

Kaum etwas bestimmt das Wesen einer Reise so sehr wie die Entscheidung, ob man allein oder zusammen mit anderen aufbricht. Die Solo-Reise ist im Vergleich zur Gruppenreise derart verschieden, dass man dafür eigentlich unterschiedliche Begriffe erfinden müsste. Nicht nur wegen des Unterschieds zwischen lockerer Spontaneität und strenger Planung, zwischen der Wahrnehmung von Fremde und der Beschäftigung mit der eigenen

Gruppe, sondern auch hinsichtlich der Reaktion der Einheimischen. Die Gruppe wird von diesen als logistisches Problem oder kommerzielle Gelegenheit betrachtet, der Einzelne potenziell als Mitmensch. Die Gruppe ist ein wanderndes Getto, der Einzelne ein ausbrechender Wanderer.

Wie also reisen? Ziehe ich allein los oder als Paar, mit einem Kumpel oder einer Freundin, als Familie oder als Teilnehmer einer Gruppe (Herrenrunde, Butterfahrt, Mädelstrio oder Edelstudienreise)? Zwar erlebt man allein zweifellos am meisten, andererseits ist es schön, die Beglückungen der Reise mit seinem oder seiner Liebsten zu teilen oder mit guten Freunden, zudem können zwei oder noch mehr Augenpaare für einen geschärften Blick sorgen. Allein ist man ganz auf sich geworfen, kein anderer entdeckt mit, niemand macht uns aufmerksam auf Dinge, die uns entgehen. Dafür werden wir von unserer neuen Umgebung »entdeckt«, so wie wir als Paar oder als Gruppe nie entdeckt werden können, denn die in die Fremde verpflanzte Gemeinsamkeit schottet nolens volens ab.

Wer allein unterwegs ist, spricht weniger. Schon die Tatsache, nicht oder fast nicht zu reden, verändert einen. Die vielen Kommentare, zu denen sich Reisende verleitet fühlen, versiegen. Und dieser Anmerkungsstrom ist in den seltensten Fällen voll brillanter Beobachtungen, sondern erschöpft sich neben Ahs und Ohs und »Sieh mal« häufig im Benennen des Augenfälligen, wie Max Beerbohm in seinem berühmten Essay »Going Out for a Walk« treffend notierte: »Wir kommen an einem Markstein vorbei, er zeigt mit seinem Spazierstock darauf und sagt: ›Uxminster. Elf Meilen.‹ Am Fuß eines Hügels macht die Straße eine scharfe Biegung. Er deutet auf die Mauer und sagt: ›Schritttempo fahren.‹ Ein gutes Stück vor uns auf der anderen Straßenseite entdecke ich ein kleines Schild an der Hecke. Er entdeckt es auch und hat ein Auge darauf. Und tatsächlich sagt er bald darauf wie zu erwarten: ›Unbefugten ist das Betreten des Grundstücks verboten.‹ Armer Kerl, geistig völlig heruntergekommen.«

Wenn Alleinreisende reden, dann mit fremden Menschen. Meist müssen sie dafür die Vertrautheit der eigenen Sprache verlassen und begeben sich somit in ungeschütztes Gelände, auf dünnes Eis. Wer allein reist, ist nahbarer, weckt den Beschützerinstinkt der Menschen auf fremdem Territorium. Wer allein reist, hat diverse Rüstungen abgelegt und ist dadurch offener für berührende Begegnungen und bleibende Erfahrungen.

Im Verbund nehmen wir weniger Rücksicht auf unser Reiseland, bestärken uns gegenseitig in unseren Vorurteilen, okkupieren den öffentlichen Raum, der nicht uns gehört. Wer hat sich noch nie über Reisegruppen geärgert, die voller Selbstverständlichkeit eine Sehenswürdigkeit einnehmen, sich breitmachen, Individualreisende und Einheimische an den Rand drängen? Das ist nicht einmal böse Absicht, die Masse kann nicht anders. Sie ist niemals rücksichtsvoll.

Wer allein reist, kann sich jederzeit seiner eigenen Lust und Laune spontan hingeben, kann nach links abbiegen, noch eine Stunde weitermarschieren, in einer schlichten Pension übernachten, in ein Lokal einkehren, das ausschließlich Fisch und Meeresfrüchte anbietet, mit den Hühnern aufstehen, sich ein Fahrrad ausleihen, stundenlang durchs Museum streifen, sich in ein Matatu oder eine Dala-Dala zwängen, für Wochen an ein und demselben Ort bleiben, seine Reisekasse für ein altes Schmuckstück auf den Kopf hauen – und all dies ohne langwierige Diskussionen, ohne Widerstand der Reisebegleiter, einfach weil einem danach zumute ist. Angesichts des Korsetts, das uns Gesellschaft und Sachzwänge auferlegen, öffnet eine solche Reise ein Fenster zu einem selbstbestimmten Leben. Allein kann man wenigstens einmal im Leben entschiedene, wenn auch selbstbezogene Freiheit erfahren.

Wer bisher nie allein gereist ist, sollte es einmal versuchen; man entdeckt nicht nur neue Landschaften und Horizonte, sondern auch neue Seiten an sich selbst. Man kann sich hinter niemandem verstecken, ist gelegentlich gezwungen, auf andere zuzugehen, und wird überrascht sein, wie viel Freundlichkeit und Hilfsbereitschaft in der Welt sind (nach meiner Lebenserfahrung begegnet man viel mehr Menschen, die einem helfen, als solchen, die einem schaden möchten). Und wann ließe es sich besser über den eigenen Schatten springen als unbeschwert von Alltagssorgen und der Furcht, man könnte sich lächerlich machen? Nur wenige werden gleich wagemutig ihren Jahresurlaub solo verbringen, aber ein verlängertes Wochenende könnte ein Anfang sein. Besuchen Sie eine Ausstellung, die in Ihrem Freundeskreis niemanden interessiert, und flanieren Sie anschließend durch die Stadt. Wandern Sie ziellos durch die heimische Umgebung. Setzen Sie sich aufs Rad und fahren los, flussaufwärts den Rhein, Neckar oder Main hinauf. Fahren Sie zum

Hauptbahnhof und steigen in den Zug, der an einen Ihnen unbekannten Ort fährt. Als Gesellschaft leiden wir an Vereinsamung, an einer politisch lähmenden Atomisierung, und doch reisen wir selten allein.

Andererseits ist es wunderbar, seine Erlebnisse mit einem geliebten Menschen zu teilen – nicht nur im Augenblick selbst, sondern auch beim fröhlich-sentimentalen »Weißt du noch?« Jahre später. Man sieht anders, reist anders, ist der Gruppendynamik im Guten wie im Schlechten ausgeliefert. Gerade deswegen sollte die Entscheidung, mit wem man mehrere Wochen lang Bus, Boot oder Bett teilt, wohlüberlegt sein. So reizvoll es nach ein, zwei Gläsern an einem netten Abend erscheinen mag, mit Freunden einen Urlaub zu verbringen, die Umsetzung kann sich als weitaus weniger charmant herausstellen. So manch eine Freundschaft hat durch diese Nagelprobe schwere Blessuren davongetragen. Besonders wenn man einander bisher nur im heimischen Umfeld begegnete, in dem jeder seine feste Rolle hatte. Auf fremdem Terrain prallen häufig unterschiedliche Meinungen aufeinander, ungeahnte Befindlichkeiten treten zutage, und schon verdunkelt Missstimmung den romantischen Sonnenuntergang. Es können kleinere Eigenheiten sein, die am dritten Tag einen Schwung Briketts auf die schwelende Weißglut werfen. Zu Hause ist es nicht dramatisch, dass Paul notorisch zu spät kommt, wenn man aber mit gepackten Koffern an der Rezeption eine geschlagene Dreiviertelstunde auf ihn warten muss ... Überlegen Sie lieber zweimal, ob es wirklich ratsam ist, diesen weingeborenen Plan umzusetzen und eine längere, von Erwartungen aufgeladene Reise miteinander zu verbringen.

Die Frage nach dem richtigen Begleiter, der passenden Reisepartnerin ist seit je schwer zu beantworten. Schon der Dichter Petrarca hat sich vor seiner Besteigung des Mont Ventoux alle Fragen gestellt, die seitdem den Reisenden beschäftigen: »Als ich aber wegen eines Begleiters mit mir zurate ging, erschien mir, so merkwürdig es klingt, kaum einer meiner Freunde dazu geeignet: so selten ist selbst unter teuren Freunden jener vollkommenste Zusammenklang aller Wünsche und Gewohnheiten. Der eine war mir zu saumselig, der andere zu unermüdlich, der zu langsam, jener zu rasch, der zu schwerblütig, jener zu fröhlich, der endlich zu stumpfen Sinnes, jener gescheiter, als mir lieb. Beim einen schreckte mich seine Schweigsamkeit, beim anderen sein lautes Wesen, beim einen seine Schwere und Wohlbeleibtheit, beim anderen Schmächtigkeit und Körperschwäche. Beim einen machte mich kalte Gleichgültigkeit bedenklich, beim anderen wieder gar zu heißes Anteilnehmen. All das, so schwerwiegend es ist, erträgt man daheim – erträgt die Liebe doch alles, und vor keiner Belastung scheut sich die Freundschaft. Schwerer jedoch wird dies alles unterwegs. So wog mein empfindliches Gemüt, das auf eine anständige Vergnügung sann, umsichtig alle Einzelheiten gegeneinander ab, ohne damit irgendein Freundschaftsgefühl zu verletzen. Schweigend vielmehr verdammte es alles, wovon nur irgend vorauszusehen war, dass es auf der ins Auge gefassten Reise lästig werden könne. Was glaubst Du wohl? Schließlich wende ich mich um Beistand an den, der mir zunächst steht, und eröffne die Sache meinem jüngeren, meinem einzigen Bruder, den Du ja gut kennst. Frohere Botschaft hätte er nicht hören können, und er dankte mir freudig, dass er bei mir gleichzeitig die Stelle eines Freundes und eines Bruders hätte.«

Auch ich reise gern mit meinem Bruder, nur haben wir beide dazu viel zu selten Gelegenheit. Jeden Sommer bin ich über zehn Jahre hinweg mit meiner Tochter irgendwo in die Ferne gereist, nur wir beide, nach Brasilien und Kenia, nach Namibia und Indien. Diese Reisen haben sie – nach eigenem Bekunden – stark geprägt. Für mich stand die Beschäftigung mit der eigenen Tochter im Mittelpunkt, die Fremde war eher eine anregende Kulisse hierfür. Mit wem man reist, kann nämlich den Charakter der Reise völlig verändern. In Wellington wartete ich vor Jahren im Büro eines Autovermieters, um ein Angebot einzuholen, weil ich nach einem dortigen Literaturfest durch die Südinsel fahren wollte. Vor mir in der Schlange stand ein schlaksiger Brite, der die gleiche Absicht hatte. Kurz entschlossen haben wir uns zusammengetan. Wir wechselten uns am Steuer ab, ansonsten kommentierten wir unentwegt das Leben und die Landschaft, unsere Fantasie von der Gegenwart des anderen entzündet wie zwei chemische Elemente, die eine explosive Verbindung eingehen. Der Reisepartner – es war der Essayist George Dyer – erwies sich als ein Geschenk des Zufalls.

Wer einmal einen passenden Reisedeckel gefunden hat, der hält an ihm fest. Zwei Freundinnen etwa, die sich im Alltag selten begegnen, weil sie in verschiedenen Städten leben, brechen zweimal im Jahr auf – als eingespieltes Team mit gemeinsamem Geldtopf (der natürlich *Marie* heißt), das allein zu diesem Zweck zusammenkommt. Offenbar harmonieren die beiden unterwegs so sehr, dass von einer auf Reise spezialisierten Freundschaft die Rede sein könnte.

Denn im besten Fall kann eine Reise eine Freundschaft vertiefen. Vor allem wenn die Tage aus Gemeinsamkeit, Distanz und Wiederbegegnung bestehen, sodass man sich weder auf die Füße tritt noch auf die Nerven geht. Manchmal empfindet man das Bedürfnis, sich nicht nur von der Fremde zurückzuziehen, sondern auch von den Mitreisenden. Mit einem befreundeten älteren Ehepaar fuhren wir einmal gemeinsam durch die atemberaubende Landschaften von South Dakota und Montana, in zwei RVs, »Recreation Vehicles«, auf Deutsch Wohnmobile. Wir wechselten uns ab mit dem Kochen; wenn wir wollten, trafen wir uns auf dem Rasen zwischen unseren luxuriösen Schneckenhäusern, wir lasen und schrieben in der Abgeschiedenheit unserer vier Wände, wenn es uns danach gelüstete. Es war gemeinsames Sehen und Erleben, ohne unangenehme Gefühle, einer Gruppe ausgeliefert zu sein.

Intermezzo:
Eine (individuelle) Gruppenreise

Täglich verkehrt ein Schiff zwischen Siem Reap, dem touristischen Einfallstor zu den Angkor-Wat-Ruinen, und Phnom Penh, vormals eine Hauptstadt des Massenmords, heute geschätzt wegen seiner Cafés am Mekong. Es ist ein hochmodernes Schiff, dessen Bug bei voller Geschwindigkeit aus dem Wasser ragt wie der Schnabel eines irre gewordenen Reihers. Nur Touristen können sich diese rasante Fahrt leisten, die einem die zwölfstündige Qual auf den zerfurchten Pisten Kambodschas erspart. Da jedoch die wohlhabenderen Reisenden nach Siem Reap einfliegen, benutzen überwiegend Backpacker diese Bootsverbindung, jene meist jungen Reisenden, die mit viel Zeit und wenig Geld ausgestattet sind. Beim Einstieg gibt es ein Gerangel um die besten Plätze auf dem Dach, wo man ausgestreckt an dem Gesamtkunstwerk der eigenen Bräunung weiterarbeitet. Das Boot fliegt über den Tonle Sap und rast in den Kanal hinein, der diesen See mit dem Mekong verbindet. Leider ist der natürliche Kanal für Rennboote zu eng, sodass jeder Fischer, der nicht rechtzeitig an Land gepaddelt ist, sich an die Seiten seines Kanus klammern muss, um nicht über Bord zu fallen. Schon kurvt das Boot um die nächste Biegung. Die Backpacker dösen, die Stöpsel ihres Walkmans im Ohr, oder sie lesen den neuesten Thriller von Wilbur Smith oder John Grisham. Wenn sie nicht gerade den »Lonely Planet«-Reiseführer studieren, der oft die »Backpacker-Bibel« genannt wird, aber eher einem Ratgeber von der Sorte »99 Steuertipps« ähnelt. Früher wurden Baedeker-Reisende davon in Kenntnis gesetzt, dass »der Orientale« gerne feilscht. Heute müssten die Einheimischen vor schachernden Backpackern gewarnt werden.

Bewegung kommt erst wieder auf, als das Boot die Hauptstadt erreicht und sich zwei entschlossene Kohorten gegenüberstehen. Die Rikschafahrer, Hotelagenten und Tourführer auf der einen Seite, klein gewachsene Männer mit dürren Gliedern und einem etwas verzweifelten Gesichtsausdruck, deren Abendessen davon abhängt, ob sie einen Fremden als Kunden ergattern. Gegenüber die leicht bekleideten Backpacker, die mit lässiger Gebärde ihre Sonnenbrille zurechtrücken und ihren Rucksack schultern. Wer nun Unsicherheit erkennen lässt, verrät sich als Anfänger auf dreiwöchigem Jahresurlaub. Die wahren Backpacker sind hingegen mindestens drei Monate lang unterwegs, sie kennen sich aus in der Realität des überall lauernden Betrugs. Sie springen auf die Mole und wischen die vordersten Angreifer zur Seite wie lästige Moskitos. Man vernimmt erste Ausrufe des Protests: »*Two dollar? You must be crazy. Half a dollar, not more!*« In ihren Stimmen schwingt eine gerechte Wut mit, denn sie kämpfen nicht nur zum Wohle ihres Geldbeutels, sie retten die Welt vor dem größten aller Verderbnisse, dem Hochtreiben der Preise. Manch ein Paradies ist ruiniert, weil es unangemessen teuer geworden ist. Was angemessen ist und was nicht, hängt von dem jeweiligen Tagesbudget ab. Eine Schottin hat sich zehn Pfund vorgenommen, ein Holländer fünfzehn Euro. Die bescheidenen Ersparnisse müssen für eine Weltreise reichen. Das kann einen ganz schön unter Druck setzen, weswegen Backpacker sich gelegentlich in Rage feilschen und den halben Dollar zu viel als moralische Verfehlung geißeln. Ein Großteil des Reisealltags verbringen sie damit, die günstigsten Angebote und Verbindungen auszukundschaften. Lautstark und resolut setzen sie sich an der Mole in Phnom Penh durch und besteigen zufrieden Rikschas, die sie in die beliebtbewährten Backpacker-Pensionen bringen werden. Dort kann sich der Gaumen an einheimischer Kultur erfreuen, während der Blick auf einen Fernseher fixiert ist, der »Herr der Ringe« oder »Star Wars« zeigt. Später am Abend schlürft man sein Bier in einem tropengerechten Korbflechtsessel zu den Klängen von »Buddha Bar«, einem Remix von Fusionsongs aus aller Welt, der in etlichen Alben vorliegt.

Die Routen der Backpacker sind Individualgruppenreisen. Rucksacktouristen scheren selten aus, sie sind programmiert auf vorgegebene Alternativen. Ihnen reicht die in den Traveller-Gettos servierte, gefilterte und gechlorte Fremde aus. Sie unterscheiden sich immer weniger von den Pauschaltouristen, denen sie sich mit einigem Dünkel überlegen fühlen. Sie betrachten die fernen Kulturen als Lieferanten von Versatzstückchen, die etwas Farbe in ihre behagliche und abgesicherte Existenz bringen können. Der Weg, den sie dabei beschreiten, führt in die Uniformität. Backpacker sehen alle gleich aus, je nach Aufenthaltsland gehüllt in einen Sarong oder in die bunte Posthippie-Uniform, die man an Tankstellen der Backpacker-Autobahn wie etwa Goa oder Chiang Mai billig erwerben kann. Dazu legt man ein wenig Ethno-Schmuck an. Derart gerüstet, versammeln sich die Backpacker zur nächsten Full-Moon-Rave-Party und zelebrieren jene Trance- und Drogenrituale, die sie von den Pauschaltouristen unterscheiden.

4. Proviant

Eine wahre Reise beinhaltet eine völlige Ernährungsumstellung, ein Verdauen des besuchten Landes.

Italo Calvino

Wir sind seit einer Woche auf dem Niger unterwegs, auf einer Pinasse. Mit einem schweigsamen Bootsführer. Unterwegs von der Quelle des Flusses im Urwald von Guinea zur Mündung nahe der nigerianischen Industriestadt Port Harcourt. Wir haben zu wenig Proviant mitgenommen. Nach einigen Tagen sind nur noch Reis, Milchpulver und getrocknete Zwiebeln übrig. Morgens gibt es Milchreis, abends Reis mit Zwiebeln. Drei Tage lang. Dann kommen wir am Lac Horo an. Wir werden erwartet, wir sind ausgehungert. Wir werden in einen

Raum geführt und an einen Tisch mit zwei Stühlen gesetzt. Alle anderen – es haben sich immerhin zwei Dutzend äußerst freundliche Männer versammelt – stehen auf der anderen Seite des Tisches und blicken uns erwartungsvoll an, erst recht, als uns ein großer Topf vorgesetzt wird. Unter dem Deckel verbirgt sich – wie wir dem Geruch nach vermuten – eine frisch gekochte Ziege. Fleisch, nichts anderes. Tapfer nimmt ein jeder von uns ein Stück und beginnt zu kauen. Wir kauen sehr lange. Das Fleisch ist zäh, wohl ein altersweiser Ziegenbock. Wir schlucken den ersten Bissen, der sich nicht zerkauen lässt, hinunter. Von so vielen Augenpaaren beobachtet, nehmen wir mutig ein zweites Stück, an dem wir ebenso ausgiebig kauen. Gerade als wir uns zu einem dritten Fleischbrocken zu überwinden versuchen, hat einer der Ältesten Mitleid und bietet uns ein Bier an. Wir greifen gierig zu. Und spülen von da an jeden Bissen mit einem Schluck *Castel* herunter. Wir sind gerettet, die Situation auch.

Fremde geht durch den Magen, doch manchmal schlägt sie auf den Magen. Überhaupt ist der Magen ein unterschätztes Organ der kulturellen Begegnung. Ein leckeres Essen vermag sogar selbstgerechte Bigotte zum Schweigen zu bringen. Wir reichen uns zuerst die Essstäbchen, dann die Hände.

Angesichts der Fülle an fremdkulinarischen Angeboten in unseren Innenstädten müsste es sich erübrigen, Reisenden das lukullische Angebot der Fremde schmackhaft zu machen. Und doch sind internationale Hotels und Anbieter von Pauschalreisen erstaunlich häufig der

Ansicht, der Kundengaumen müsse geschont werden. Da wird beharrlich SchniPoSa serviert, selbst am Indischen Ozean oder mitten in Chiapas, und Pasta in allen Variationen den gesamten italienischen Stiefel rauf und runter. So als sollte die Fremde der Zunge ferngehalten werden, denn wer das einheimische Essen nicht probiert, der dürfte auch das lokale Idiom missachten. George Mikes schrieb 1960: »Ich kenne zahlreiche Engländer, die in Gruppen reisen, in Hotels absteigen, wo selbst das Personal aus Engländern besteht, und die in ganz Europa am Sonntag Roastbeef und Yorkshire-Pudding, an Wochentagen Welsh Rarebit, Steak und Nierenpudding essen.« Seitdem hat sich nicht sehr viel geändert, trotz einer Fülle von Blogs, die sich enthusiastisch dem Thema »Reisen & Essen« widmen. Hinzugekommen ist jedoch eine Küche des kleinsten globalen Kompromisses, wie sie in den Transitzonen unserer Mobilität angeboten wird, bestehend aus dem obligaten Caesar Salad (*veni, vidi, vici*), Risotto und Ravioli in allen möglichen Formen, Lachs und Steak. Das Menü lädt vollmundig zu »einer kulinarischen Reise« ein, zu »einer Auswahl an köstlicher internationaler Küche und lokalen Köstlichkeiten« (der Unterschied zwischen dem Globalen und Lokalen ist demnach einer zwischen Adjektiv und Substantiv).

Geschmacklicher Autismus ist keineswegs das Privileg von Briten, Deutschen oder Geschäftsleuten. Größere indische Reisegruppen nehmen auf Europareisen einen eigenen Koch mit. Ich begleitete einmal einen Freund aus Bombay zur Verkostung in indischen Restaurants im Umkreis von Stuttgart, um sicherzugehen, dass eine

Gruppe Studierender einer Wirtschaftsuniversität auch ja jeden Abend ihre gewohnte Kost erhielt; chinesische Gruppen werden zur verlässlichen Fütterung durch chinesische Restaurants geschleust (wobei es angesichts deren Vielzahl fraglich ist, ob sie sich alle hauptsächlich der Essenzubereitung widmen).

Auf der anderen Seite der Skala befinden sich unverbesserliche Gaumengierige wie der Autor dieser Zeilen, die sich in Schanghai den eingelegten Panzer einer jungen Schildkröte und in Tansania gebratene Termiten genehmigen. Zäh das eine, trotz ausgiebigen Marinierens, knusprig das andere, fast wie Erdnüsse. Wer alles probiert, geht von dem Prinzip aus, dass das Leben nicht immer »lecker« sein muss. Es gibt eben Menschen, die stets Hühnchen nehmen, und jene, die nicht zögern, das Krokodil zu bestellen. Liebe geht bekanntlich durch den Magen, Abneigung auch.

Als Grund für die eigene Zurückhaltung wird oft die Gefahr eines verdorbenen Magens angeführt. Aber solches Ungemach kann einen überall ereilen, etwa beim Muschelessen in Südfrankreich (wie der wunderbare Anthony Bourdain, berühmtester Reisevorkoster der Gegenwart, erfahren musste). Bei kaum einem anderen Thema geistern derart viele Vorurteile durch Erinnerungen und Erwartungen. Eine Stuttgarter Apothekerin verkündete gar in einem Anfall von universeller Hypochondrie, es sei unmöglich, in Ländern wie Indien keinen Dünnpfiff zu bekommen (sie drückte sich vornehmer aus). Allerdings nahmen die schlimmsten Lebensmittelvergiftungen, die ich in meinem Umfeld (ich selbst bin bisher verschont geblieben) erlebt habe, ihren Ausgang in Luxushotels. Als ich im Jahre 2000 zur Recherche in einem Ayurveda-Hotel der berühmten Taj-Gruppe in Kerala war, erklärte mir der Chef, mit dem ich mich angefreundet hatte, wieso der Magen gerade in Fünf-Sterne-Etablissements gefährdet ist: Im Gegensatz zu einer Garküche am Straßenrand muss dort eine umfangreiche Karte angeboten werden (allein schon wegen der unterschiedlichen religiösen Essensvorschriften) und jedes Gericht stets vorrätig sein, weswegen die vielen vorbereiteten Speisen in den begehbaren Eisschränken auf Bestellungen warten, immer wieder mal herausgenommen und wieder hineingelegt werden, die Türen zu oft auf- und zugehen, da taut das eine Ende einer Garnele schnell mal auf, der Rest ist Schweiß und Tränen. Ein *nyama choma* hingegen, der fliegende Fleischgrill in Ostafrika, verwendet eine kleine Menge frisch gekauften Fleisches – für größere Vorräte fehlt das nötige Finanzpolster.

Natürlich sollte man seinem Magen in (sub)tropischen Ländern keine Gewalttouren zumuten. Es gilt weiterhin die altbewährte Regel *If you can't peel it, boil it or cook it – forget it* (was man nicht schälen, kochen oder braten kann, sollte man verschmähen). Auch wenn man Imodium & Co. im Gepäck führt, bei der meist knapp bemessenen Reisezeit ist jeder Tag, an dem man den Porzellangott anbetet, einer zu viel.

Auch andere Vorsichtsmaßnahmen haben ihre Berechtigung, so die Warnung vor dem Leitungswasser, sei es, weil es verschmutzt oder mit Chemikalien angereichert ist. Am besten also die Zähne mit Mineralwasser putzen.

Rucksackreisende sollten ohnehin Entkeimungstabletten oder Wasserfilter dabeihaben (in Tansania lobte ich in einem Dorf meinen Filter mit den Worten »Der macht sogar aus Bier Wasser«, worauf ein Mann ausrief, das Gegenteil würde ihn mehr beeindrucken). Andererseits gilt aber auch, dass das Leitungswasser in vielen mitteleuropäischen Städten wie etwa in Wien besser ist als jedes Mineralwasser. Es sei dem Reisenden an Herz und Zunge gelegt, den ganzen langen Tag frisch aus dem Hahn die vereinten Segnungen von Alpenvorland und kaiserlicher Ingenieurskunst zu genießen, anstatt Konzerne wie Nestlé noch mehr zu bereichern und die Ozeane mit Plastikmüll zu ersticken.

Reiseführer verwenden viel Platz darauf, Restaurants zu empfehlen. Dabei hilft schon der gesunde Menschenverstand weiter. Man sollte sämtliche Gaststätten, die ihre Speisen mit Fototafeln illustrieren und vor denen ein aufdringlicher Herr krakeelend um Kundschaft buhlt, weiträumig umkurven. Sollte der Blick von der Terrasse aus sensationell sein, kann man sich an einem solchen Ort auf einen Kaffee oder ein Bier niederlassen und die Blicke schweifen lassen. Besser, man schlägt sich seitwärts – fernab der berühmten »ausgetretenen Pfade« – in ein von Einheimischen frequentiertes Lokal, dessen Karte nicht zweisprachig gehalten ist. Macht nichts, wenn man kein Spanisch, Chinesisch oder Russisch beherrscht, dies ist der Moment für Experimente. (Oder für langwierige Übersetzungen, falls WLAN verfügbar ist.) In China habe ich mir angewöhnt, die Gerichte auf den Nebentischen zu beäugen und das mir appetitlich

Erscheinende per Fingerzeig zu bestellen. Technisch versiertere Reisende kommunizieren inzwischen ihren Menüwunsch per WhatsApp-Emojis.

In manchen asiatischen Landen empfiehlt es sich, die Gerichte nicht heldenhaft in landesüblicher Schärfe zu bestellen. Selbst für Menschen, die es »hot« mögen. Was in Europa als scharf durchgeht, gilt dort als ungewürzt. Andererseits regen gut gewürzte Gewürze die Magensäureproduktion an, was sich vorteilhaft im Abwehrkampf gegen anstürmende Bakterien auswirkt (was ich unbedingt der Stuttgarter Apothekerin noch mitteilen muss). Wie immer auf Reisen fällt auch hier die Wahl schwer: Gaumenfeuer oder Magen verderben.

Ein ebenso großes Vergnügen wie das Verkosten der Fremde ist das Betrachten fremder Kost. Auf Märkten wie jenem im malischen Djenné, einem der sieben alternativen Weltwunder. Hier treffen sich Händler, die Hunderte Kilometer Wüste durchquert haben, um ihr Vieh und Kunsthandwerk feilzubieten und Nahrungsmittel einzukaufen. In den staubigen, engen Passagen, zwischen grellem Licht und tiefen Schatten, tummeln sich neben Arabern, Berbern und Tuareg alle Völker der Sahel. Fulbe-Frauen mit schwarz bemalten Mündern und goldfarbenem Ohrenschmuck, die schmalen Gesichter ihrer Männer unter breitkrempigen Hüten, Bella-Bauern mit Turbanen, Songhai-Frauen mit Kleidern, die in Farbe erblühen.

Der weitläufige Eingang beherbergt den Kamel- und Ziegenbasar. Weiter innen führt ein Pfad vorbei an Säcken voller Reis, Hirse, Linsen und Kartoffeln. Hinter der nächsten Ecke liegen Tomaten, Okraschoten, Bohnen, Zwiebeln und Kohlköpfe fein säuberlich auf Matten ausgebreitet. Etwas weiter, in einem anderen Geruchsrevier, wird Fisch angeboten, getrocknet und geräuchert. In überdachten Ständen türmt sich eine Vielzahl von Gewürzen zu bunten Kegeln und Häufchen empor.

Alternativ könnte man ein fremdes Lebensmittelgeschäft betreten, durch die Gänge wandeln und unbekannte Spezereien in den Wagen legen, für ein Zimmerpicknick etwa. Oder man könnte einen jener kleinen Läden aufsuchen, die dem Generalangebot der Supermärkte trotzen, sagen wir in Málaga, und sich kundig machen über die kulinarischen Besonderheiten von *jamón serrano* und *jamón iberico*. Die schönste Erfahrung auf Teneriffa verdanke ich der Tatsache, dass in der Strandtrabantenstadt Los Cristianos kein Hotelzimmer mehr frei war und wir gegen zwei Uhr in der Früh essen gingen, um uns die Stunden bis zum Abflug zu vertreiben, in einem unauffälligen Restaurant, in dem sich die Belegschaft des touristischen Fließbandbetriebs ausgelassen traf. Es war ein faszinierender Einblick hinter die Fassade einer Industrie und zugleich ein Stück Fremde inmitten einer Fabrik billiger Träume.

Kulinarische Produktionsstätten sind nicht nur sehenswert, sondern oft geradezu repräsentativ für eine Region. Käse etwa spielt eine wichtige Rolle im Vorarlberg, allen voran der legendäre Bergkäse. Der Käsekeller in Lingenau ist folglich »eine Reise wert«, nicht nur, weil er in einem jener berühmten kubisch klaren Neubauten untergebracht ist, die Fassade mit Löchern versehen, die –

besonders nachts – an die Löcher des Emmentalers erinnern. Sondern auch, weil drinnen über dreißigtausend (!) jeweils dreißig Kilogramm schwere Käselaibe reifen, die von Robotern alle ein bis zwei Tage (wenn sie jung sind; ab drei Monaten nur alle fünf bis sechs Tage) herausgenommen, gedreht und mit Salzlake gebürstet werden. Das muss man gesehen haben: zwei Dutzend Käselaibe, groß wie Reifen, übereinander im Regal gestapelt, urige Brocken, die in einer futuristischen Umgebung drei, sechs oder zwölf Monate dem Verzehr entgegenreifen.

Um dem Reiseland auf die lukullischen Schliche zu kommen, könnte man sich auf eine bestimmte Spezialität kaprizieren und sich auf die Suche nach einer besonders schmackhaften Interpretation machen, etwa indem man in Stockholm der besten Prinsesstårta nachspürt oder in Los Angeles den besten Tacos. Meine persönliche Wahl fällt auf Baklava, nicht nur in Istanbul, sondern auch in London, wo ich mit einem deutsch-türkischen Freund durch Islington streife, von einem Café zum nächsten, so wie Engländer von Kneipe zu Kneipe ziehen, traditionell *pub crawl (*Kneipenkriechen*)* genannt, weil sich entgegen der Evolutionsgeschichte die Teilnehmer zunehmend in amphibische Wesen verwandeln. Karl Marx versuchte sich übrigens einmal an diesem Brauch, um den saufenden Puls des Proletariats zu fühlen. Das ging nicht gut für ihn aus, er agitierte wohl zu streng und wurde von wütenden Arbeitern durch die nächtlichen Straßen von Tottenham gejagt. Trotz unseres eisernen Willens müssen wir bei unserem *baklava crawl* irgendwann aufgeben. Unfähig, auch nur einen einzigen weiteren Schritt zu setzen, taumeln wir in einen Friseurladen hinein und lassen uns im Zuckerrausch die Haare schneiden. Zu unserer Verblüffung streiten sich die beiden türkischen Barbiere darüber, ob England oder Deutschland besser sei (der eine war gerade zur Aushilfe aus Frankfurt da). Mit patriotischer Inbrunst verteidigen diese beiden Migranten die Vorzüge ihrer jeweiligen Wahlländer.

Der Drang zum Probieren kann gelegentlich zu innerfamiliären Irritationen führen, wenn etwa die eigene Frau unbegreiflicherweise in den USA sämtliches *root beer*, dessen sie habhaft werden kann, verkosten muss. Da sich viele Städte mit eigenen *Root beer*-Brauereien schmücken – es handelt sich dem Namen zum verwirrenden Trotz zumeist um alkoholfreie Limonade –, locken immer wieder neue Variationen dieses ekelerregenden Gebräus aus Hustenbonbon, Topinambur und zerkauter Lakritze.

Das Flüssige haben wir bislang zu Unrecht vernachlässigt. Selbst wer nicht mit *root beer* abgefüllt ins Hotel eincheckt, sollte dieses vorab mit der Bitte anrufen, die fantasielos bestückte Minibar zu leeren, und stattdessen selbst im kleinen Laden in der Seitenstraße um die Ecke das schrägste Bier, die dubioseste Limonade kaufen. Wer Zeit hat, könnte Spezialitätengeschäfte suchen, wo es Kürbis- oder Himbeerbier gibt, verschiedene Kakaosorten für heiße Schokolade oder ausgefallene Tees, lauter Köstlichkeiten, die kaum ein Hotel der Welt führt.

Stichwort Tee: Die hoch ritualisierte Teezeremonie in Kyoto ist faszinierend langatmig, tiefer beeindruckt hat mich aber der Besuch bei einem jungen Japaner, der in Hongkong seltene Gyokuro- und Sencha-Tees verkaufte. Nachdem ich einige eingeschweißte Packungen ausgewählt hatte, fragte er mich in zaghaftem, aber gut verständlichem Englisch, ob ich denn wisse, wie dieser Tee zuzubereiten sei. Ich sagte so etwas wie »halbwegs« oder »im Großen und Ganzen« und schlug sein Angebot aus, mir die Prozedur zu zeigen, da ich in Eile war, worauf der junge Mann seine Brille zurechtrückte und entschieden erklärte, in diesem Fall könne er mir den Tee leider nicht verkaufen. Er müsse sich sicher sein, dass ich in den richtigen Gebrauch eingeweiht sei. So war ich zu meinem Glück gezwungen, mir seine präzise Vorführung anzuschauen. Auch das gehört zum Reisen: Die Begegnung mit Menschen, die nicht allein auf Profit aus sind. Wie die alte Verkäuferin an einem kleinen Bahnhof mitten in Tansania, die Erdnüsse in zwei unterschiedlich großen Tüten verkaufte, doch kosteten beide gleichermaßen fünf Schillinge. »Wer kauft denn die kleineren Tüten?«, fragte ich, worauf sie antwortete: »Menschen, die weniger gierig sind als du.«

Neugier verwandelt sich bei Gourmands leicht in Gier. Wer am Strand frischen Hummer nach Lust und Laune essen kann, der holt sich leicht eine Proteinvergiftung. Wer in Saint-Malo, einer der bezauberndsten Städte an der französischen Atlantikküste, an einem heißen Sonntagvormittag vom Bürgermeister zum Empfang anlässlich eines Literaturfestes zu Champagner und Austern eingeladen ist, der wird auf leeren Magen geradezu unanständige Mengen verdrücken (vor allem vom Champagner), bis die mittelalterlichen Festungsanlagen wieder von Korsaren bevölkert erscheinen.

Selbst Nobelrestaurants sind als Tür und Tor zur Fremde nicht zu verachten. Viele dieser »Haubenfuzzis« (wie ein Freund sie nennt) sind lokalen Produkten und Geschmacksnoten zugetan, das Menü bietet eine gustatorische Topografie der jeweiligen Region an. Das gilt etwa für ein Restaurant, das in einem lang gezogenen alten burgenländischen Bauernhaus untergebracht ist, die schmale Seite der Straße zugewandt, da die Steuer einst gemäß der Grundstücksbreite berechnet wurde, und das benannt ist nach dem dortzulande weitverbreiteten Taubenschlag, austriakisch *Taubenkobel*. Die Taube war früher für arme Familien der einzige Fleischlieferant, ob als Sonntagsbraten oder in Suppenform als Alternative zur heilsamen Hühnerbrühe. Der Chef Walter Eselböck (inzwischen Emeritus) setzt immer wieder Taube auf die Karte, aber die meisten Gäste zeigen sich zu seinem Bedauern wenig bereit, dem früheren Armenessen zuzusprechen. Eher den Flusskrebsen, der Soproner Gänseleber (die beste der Welt, nach meiner unbedarften Einschätzung) oder dem Marillensoufflé mit Zitronenthymianeis. Alles lokale Nahrungsmittel, denn das nördliche Burgenland ist von mediterranem Klima verwöhnt, hier wachsen sogar Kiwis, Feigen und Oliven. Und im Neusiedler See, dem größten und einem der saubersten Seen Österreichs, tummeln sich fettfreie, rotfleischige Wildkarpfen neben Schleien, Zandern und Aalen. Von dieser Vielfalt erzählt das Menü im *Taubenkobel*.

Der Chef im *Maaemo* in Oslo besteht auf jahreszeitlich lokalen Produkten, weswegen er im Winter viel eingelegtes Obst und Gemüse und im Frühjahr eine Vielzahl wild wachsender Blätter und Blüten verwendet. So kommt der Feinschmecker in den Genuss von Makrelen aus dem Osloer Fjord, garniert mit Veilchen.

Andere Menüs deuten eher auf globale Nahrungsketten. Hinter dem *Chinese water deer* im Londoner *The Ledbury* verbirgt sich tatsächlich ein chinesisches Reh, das ein britischer Kolonialbeamter einst nach Hause mitnahm und in einem Winkel des Königreichs züchtete. Mittlerweile hat sich das Wild so vermehrt, dass jährlich einige wenige zum Abschuss freigegeben werden. Der junge australische Gastronom erjagt höchstpersönlich, was abends auf den Tisch kommt; das erzählte er uns, als wir nach dem Mahl in die Küche eingeladen wurden und der Sternekoch bereitwillig alle meine neugierigen Fragen beantwortete. Der Zauber des Reisens kann auch darin bestehen, hinter die Kulissen einer perfekten Inszenierung zu blicken.

Alles bislang in diesem Kapitel Geschriebene gilt natürlich nicht für einen Fußmarsch durch die Wildnis. Da muss man entweder à la Rüdiger Nehberg selbst sammeln und jagen oder Hightechproviant mit sich führen, dehydrierte Fertiggerichte. Bei meinem zweimonatigen Fußmarsch durch Tansania auf den Spuren des britischen Forschungsreisenden Richard Francis Burton gab es mal Astronautennahrung (in der Wildnis), mal Chai und Chapati (Tee und Fladen) in abgelegenen Dörfern. Futuristisches wechselte sich ab mit Traditionellem.

Wir leben in einer Epoche des Ungleichzeitigen. Sündhaft teure Riegel heißen »Paleo Bar« und kommen mit einer längeren Produktbeschreibung daher als Smartphones, jeder anständige Neandertaler würde die Nase rümpfen (übrigens haben jüngste Untersuchungen offenbart, dass sein Gehirn nicht kleiner war als unseres, eher im Gegenteil, der Steinzeitmensch war vielseitig gefordert, wir sind zunehmend Fachidioten). Biltong, luftgetrocknetes Wild- oder Rindfleisch aus dem südlichen Afrika, wird hingegen kaum mehr als Proviant in den Rucksäcken mitgenommen, weil es inzwischen als Delikatesse zu entsprechenden Preisen gehandelt wird. Und Pemmikan, eine Mischung aus zerstoßenem Dörrfleisch und Fett, das nordamerikanische Indianer sowie Robert Peary auf seinen Nordpolexpeditionen als Notration mit sich führten, wird neuerdings hoch gepriesen und teuer verkauft. Wer sich als Wanderer das Leben einfach machen will, der geht mit Studentenfutter auf Tour. Auf die Dauer zwar eintönig, aber ein besseres Gewicht-Kalorien-Verhältnis ist noch nicht erfunden worden. Und sollte einem das Essen ausgehen, keine Sorge, am Ende des Tages wartet irgendwo ein gekochter Hammel darauf, verspeist zu werden. Wenn Sie Glück haben, mithilfe eines Biers.

Intermezzo:
Ein Essen (an drei Abenden)

Wer früher aufbrach, der fragte einen Kollegen oder eine Freundin nach Tipps. Wo kann man gut essen? Kennst du eine nette Bar? Was kannst du uns empfehlen? Heute verlassen sich Reisende auf die Schwarmkulinarik diverser Internetportale. »Schau dir mal die Bewertung an! Weniger als vier Punkte (von bestenfalls fünf) geht ja gar nicht.«

Welcher Weg führt erfolgreich zum Wohlgeschmack? Die persönliche Empfehlung oder die Meinung der anonymen Masse? Und was wäre, wenn Reisende die Wahl des Lokals dem Zufall überlassen würden? Eines Frühlings unternahm ich in Florenz einen Selbstversuch und probierte an drei Abenden diese drei Alternativen aus, zugegebenermaßen voller Misstrauen gegenüber den im Internet inzwischen allgegenwärtigen Durchschnittsbewertungen. Der Ausgang überraschte mich selbst.

Die altmodische persönliche Empfehlung war auch früher nur bedingt zuverlässig. Wo Tante Erna und Tante Elfriede vor Jahren charmant mit lokalen Spezialitäten verwöhnt wurden, steigen heute chinesische Reisegruppen ab. So ähnlich erging es mir. Die empfohlene Osteria schien nach der Papierform alle Erwartungen zu erfüllen: etwas abseits gelegen, im Familienbesitz, lokale Küche. Doch die in Leopardenschürzen gewandten Kellner machten mich sogleich stutzig, zumal sie besser Englisch sprachen als manch ein italienischer Professor. Die Sprachen um mich herum klangen so vielfältig wie eine Sitzung des UN-Sicherheitsrats. Allein die Inneneinrichtung war offenbar gleich geblieben. Und das Essen? Hausmannskost durchweg, solide, unauffällig. Am nächsten Abend vertraute ich mich dem Zufall an und kehrte in einen Gewölberaum unweit des Doms ein. Das Publikum war eine Mischung aus Einheimischen und Touristen. Nicht nur das Ambiente, auch das Essen war besser als am Vorabend, frischer, cremiger, harmonischer. Und die Plakate an den Wänden stammten aus jenen Zeiten, als noch Künstler Werbungen schufen.

Der Zufall hat also die Empfehlung übertrumpft. Es blieb noch eine Option: das basisdemokratische Verkosten. Ich wählte eines der laut *tripadvisor* besten Restaurants der Stadt (Nr. 17 auf der Liste, wenn ich mich recht erinnere, das erste Dutzend waren reine Panini-Buden). Meine Vorurteile – ich hatte eine Touriklitsche erwartet – zerschellten am eleganten Steinboden. Es saßen nur Italiener an den acht Tischen. Die Küche am Ende des engen Raums war offen, der Weinkeller größer als das Lokal. Und das Essen war nicht nur besser als erwartet, es war viel besser als in den beiden anderen Restaurants. Nur weil viele etwas gut finden, muss es nicht unbedingt mittelmäßig sein. Ein Hoch auf die Schwarmkulinarik!

5. Kauderwelsch

Es gibt keine fremden Länder.
Nur der Reisende ist ein Fremder.

Robert Louis Stevenson

Irgendwo zwischen Tonka und Timbuktu steuern wir unsere Pinasse ans Ufer und spazieren in ein nahes Dorf. Die Sonne rollt über die Dünen davon. Die Männer des Dorfes sitzen auf Matten im Sand und lauschen – erschöpft nach einem langen Arbeitstag – einem Lehrer, der mit einem Bambusstock auf eine Schiefertafel zeigt. Der Lehrer bedeutet uns, wir mögen uns dazusetzen. Die Männer, darunter einige mit spitzen weißen Bärten, sprechen das angeschriebene Wort nach, zerlegen es in seine Silben, sprechen die Silben nach, zerlegen sie in die einzelnen Buchstaben, sprechen die Buchstaben nach, bevor sie diese wieder zu Silben und Wörtern zusammensetzen. Die Männer, allesamt Kleinbauern, bestimmen selbst, wann sie lernen wollen. Sie treffen sich mehrmals die Woche, meist in der Stunde des Sonnenuntergangs, und geben sich alle Mühe.

Es ist schwer, im fortgeschrittenen Alter das Alphabet zu pauken, um einiges schwerer, als einige Wörter und Phrasen einer unbekannten Sprache zu erlernen. Das kann man schon während der Anreise erledigen: Sich auf dem Weg zum Flughafen mit der Begrüßung bekannt machen, dann »danke«, »bitte«, »ja« und »nein« beim Warten am Gate einstudieren, ein Dutzend Höflichkeiten und Nützlichkeiten auf dem Flug üben, die Floskeln der Verabschiedung in der langen Warteschlange vor der Passkontrolle wiederholen. Man muss sich hierfür nicht einmal ein Büchlein kaufen, obwohl es derer viele und viele gute gibt, man kann sich das Gerippe jeder Sprache der Welt aus dem Internet ausdrucken. Einige DIN-A4-Seiten lesen, memorieren, schon ist die Reise anders aufgehängt.

Wie unterschiedlich verlaufen daraufhin die Begegnungen mit den Einheimischen. Selbst falsch betont und schief ausgesprochen, drücken schon einige wenige Sätze in der Sprache der Gastgeber Neugier, Offenheit und Respekt aus. All das somit, was von einem Besucher erwartet oder zumindest erhofft wird. Wer seiner Zunge fremde Laute abverlangt, der zeigt seine Bereitschaft, in die Fremde einzutreten, sich ihr auszusetzen. Es ist die verbale Entsprechung des Ausziehens der Schuhe, bevor man das Haus oder die Wohnung, den Tempel oder die Moschee betritt. Wer aber meint, sich achttausend Kilometer von zu Hause entfernt auf Deutsch bedanken zu können (zuletzt auf Barbados gehört – dem norddeutschen Herrn war selbst ein »thank you« zu viel der Anstrengung), der verkündet weithin: »Ich bin ich, und ihr seid ihr, und nichts wird uns zusammenführen.« Man muss sich als Gast gebärden, um Gastfreundschaft zu erfahren.

»Eine Sprache zu sprechen«, hat Frantz Fanon einmal geschrieben, »bedeutet eine Welt, eine Kultur zu übernehmen.« Das gilt in Ansätzen auch, wenn man sich ein Kauderwelsch angeeignet hat, einige Brocken nur, wenn man radebrechend und silbenstolpernd über die ferne Schwelle tritt.

Kein Grund übrigens, Hemmungen zu haben oder sich zu schämen. Die Freude über die Mühe, die man sich als Fremder gemacht hat, stimmt das kritische Ohr der Muttersprachler gnädig. Es ist besser, mangelhaft zu reden, als fehlerfrei zu schweigen. Kinder wissen das instinktiv.

Leider hat die Tourismusindustrie dazu geführt, dass vielerorts ein Englisch, und mancherorts auch ein Deutsch, gesprochen wird, das die linguistische Entsprechung von SchniPoSa darstellt. Kellner und Tauchlehrer beherrschen das Einmaleins von sieben oder neun Sprachen und traktieren einen immerzu mit ihren Grundkenntnissen. Da ist es hilfreich, sich als Mitglied einer wenig reisenden Nation auszugeben (als Bulgare etwa), um nicht in den Tropen im schlecht gemachten Bett der eigenen Sprache zu landen.

Je touristisch erschlossener ein Ort, desto seltener vernimmt man die fremde Sprache. In Positano hört man kaum ein Wort Italienisch, durch die Côte d'Azur kommt man am besten mit Amerikanisch, und die Amtssprache der Costa del Sol ist Englisch. Es würde mich nicht wundern, in Marbella oder Puerto Banús ein Schild zu lesen: *Aquí se habla español* – »Hier spricht man (auch) Spanisch«.

Durch fremde Sprachen lernt man einiges über andere Denksysteme und kommunikative Lösungsansätze. Die Verkehrssprache in Liberia etwa, das Krio, erscheint dem Besucher zunächst etwas eigenartig. So dient das Affix *bad bad wan* (»schlecht schlecht einer«), um eine Bewertung zu unterstreichen, fast als Superlativ, egal, ob diese positiv oder negativ ausfällt. Über einen besonders guten Menschen würde man zum Beispiel sagen: *Di man fayn bad bad wan* (für jene, die des Krio nicht mächtig sein sollten: »Der Mann gut schlecht schlecht einer«), über die Polizei würde man fluchen: *Di polis korupt bad bad wan* (»Die Polizei korrupt schlecht schlecht eine«). Es braucht einige Zeit, dies zu begreifen und zu verinnerlichen, doch dann freundet man sich mit dieser eigenwilligen, aber charmanten Besonderheit an und setzt sie immer wieder ein, viel öfter als die Einheimischen.

Zudem ist Krio eine tonale Sprache, ähnlich und doch anders als das Mandarin, und insofern für den Europäer eine geistige und akustische Herausforderung. Bei manchen Wörtern wird unterschieden zwischen hoher und tiefer Stimmlage. Bei *fufafu* zum Beispiel

(»nichts«, »vergeblich«) ist die Tonabfolge der drei Silben hoch, niedrig, hoch (–_–). Selbst eine flüchtige Beschäftigung mit der Frage, wieso Sprachen seit dem Turmbau zu Babel für ähnliche Aufgaben so unterschiedliche Lösungen entwickelt haben, entrückt einen dem Vertrauten und Selbstverständlichen, entführt einen in das weite Land der unbegrenzten Alternativen und Varianten. Wer einen Sprachführer aufschlägt, geht schon auf Reisen.

Solche geistige Anstrengung tut uns gut. Wie der Nobelpreisträger Daniel Kahnemann beschrieben hat, tragen wir zwei Lernsysteme in uns: Das eine ist automatisch intuitiv, geeignet für grundlegende mentale Aktivitäten wie Wahrnehmung, für simple Arithmetik und die Erkennung einfacher Wörter. Das zweite hingegen fördert das bewusste und mühevolle Denken, das wir gemeinhin mit Rationalität verbinden. Es ist notwendig für das Erlernen einer Fremdsprache. Anders gesagt: System eins ist bestens geeignet für die vertraute Welt, System zwei ist zuständig für das Unbekannte. Wer sich also die Mühe macht, sich in eine fremde Sprache hineinzudenken, der fördert jenen Teil in sich, der fähig ist, dem Unverständlichen gewinnbringend zu begegnen.

Sogar Jahrzehnte nach der Lernphase. Meine Frau, in ihren Teenagerjahren vom Indianervirus infiziert, versuchte, als Schülerin im Selbststudium Lakota zu erlernen, von übersichtlichem Erfolg gekrönt. Völlig verzückt berauschte sie sich fünfundzwanzig Jahre später auf der Fahrt durch die Pine Ridge Reservation an den wenigen Vokabeln, die ihr im Gedächtnis geblieben waren. Hier ein Wort auf einer Tafel, dort ein Gesprächsfetzen. Einer der wenigen Lichtblicke in der dortigen Tristesse. Sie interagierte anders mit der Welt der Sioux als ich. Dieses Verfahren funktioniert selbst angesichts imaginierter Welten, wenn etwa Fans die Grundzüge der von J. R. R. Tolkien oder George R. R. Martin erfundenen Sprachen zu enträtseln suchen und mit einigen Sätzen Sindarin oder Dothraki auf Fantasiereise gehen.

Wie fatal die Wahrnehmung der Fremde ausfallen kann, wenn man die jeweilige Sprache nicht versteht, zeigt das Beispiel des Kosmopoliten Richard Francis Burton, der sich zwar in knapp dreißig Sprachen verständigen konnte, nicht aber auf Deutsch. Nachdem seine katholische Frau ihn zu den Passionsspielen nach Oberammergau geschleppt hatte, eine jahrhundertealte und weiterhin sehr lebendige Tradition, resümierte er griesgrämig: »Ich verließ das Dorf mit dem Eindruck, dass Ort und Menschen uninteressant und Letztere, wie die Isländer, durch Lob und Hätschelei vollständig verdorben sind.« Sein gesamter Reisebericht ist einseitig und übellaunig, die Bayern würden »grantig« sagen. Da Burton dem einheimischen Dialekt nichts entnehmen konnte, schritt er mit englischem Imperialgehabe durch das Dorf. Sprachohnmächtig machen wir uns einen Reim auf die Fremde, indem wir schneller urteilen.

In manchen Weltecken sind wir auf Gespräche mit Händen und Füßen angewiesen, auf Mimik und Gebärden.

Kommunikation beginnt mit den kleinsten Gesten. Wie man hineinlächelt, so lacht es heraus. Vor allem in Regionen, wo Freundlichkeit, Höflichkeit, Offenheit im Umgang miteinander weiterhin geschätzte Werte sind. Ebenso wie auch Geduld. Man fällt nicht gleich mit seinem Begehren ins Gespräch, selbst wenn man nur eine Handvoll Erdnüsse kaufen möchte.

Allerdings können selbst einfache Gesten missverständlich sein, weil sie in einem anderen Kulturkreis eine gegensätzliche Bedeutung annehmen. Wo der Deutsche vehement nickt, schüttelt der Inder versonnen den Kopf (der Bulgare übrigens auch), was durchaus zu Differenzen führen kann. Während der Deutsche sich im Theater oder in der Oper an anderen Besuchern bäuchlings zu seinem Platz vorbeidrückt, wendet der Australier ihnen den Po zu – vertauschte Höflichkeit.

Selbst wenn man eine gemeinsame Sprache hat, muss man sich nicht gleich verstehen. Ich war mit dem somalischen Schriftsteller Nuruddin Farah in Namibia unterwegs. Schon am ersten Abend ergab sich ein Problem, das uns auf der gesamten Reise begleiten sollte. Nuruddin sagte: »Ich bin Vegetarier.« Der Kellner schaute verwirrt drein, schlich in die Küche, kam nach einigen Minuten zurück und verkündete: »Kein Problem, ich habe mit dem Koch gesprochen, wir haben frisches Hühnchen.« Beide sprachen ausgezeichnet Englisch.

Statt Reden bietet sich manchmal Spielen an. Einfach sich an den Rand des Spielfelds stellen und mit leicht verständlicher Geste fragen, ob man mitmachen dürfe. Oder im Café den Fremden über Karten oder Würfel näherkommen. Ich habe einen Monat in Kairo verbracht, teilweise in Cafés, in denen Backgammon gespielt wird, ein orientalisches Brettspiel, das auch auf dem Balkan sehr populär ist und das ich leidenschaftlich gern spiele, seitdem ich auf zwei Beinen stehe. Die ägyptischen Männer waren offensichtlich der Ansicht, sie hätten die strategische Weisheit mit Löffeln gegessen, insofern waren sie bass erstaunt, dass ich viel mehr Spiele gewann, als sie mir zugetraut hätten, worauf wir in schier endlose Schleifen der Revanche und Gegenrevanche gerieten, der Nachmittag mit dem Klacken der Würfel verging. Sie brachten mir einheimische Varianten bei, um mich in die Lage eines Anfängers zu versetzen. Ich konnte beobachten, wie sie die unterschiedlichen Pasche benennen, wie sie auf die Würfel blasen, wie sie sich über einen Gewinn freuen. Als wir auseinandergingen, hatten wir zwar nicht mehr ausgetauscht als unsere Namen, waren aber zu handfesten Spielkumpeln geworden.

Sprachreisen sind eine gute Möglichkeit, das Angenehme mit dem Nützlichen zu verbinden. Natürlich nur, wenn man nicht umgeben ist von Landsleuten, die nach den Kursen eifrig in die Muttersprache zurückfallen oder das universelle Englisch bevorzugen. Gut zu bedenken ist, wo man eine Weltsprache erlernen möchte. Das Kastilische unterscheidet sich erheblich, vor allem in der Aussprache, von jenem Spanisch, das man in Antigua (Guatemala) oder Cartageña (Kolumbien) beigebracht bekommt (beides Orte übrigens, die einen hervorragend vom Pauken ablenken können).

Über eines sind sich alle Spanischsprechenden jedoch einig: Niemals einen Sprachkurs auf Kuba buchen – nicht aus politischen, sondern aus linguistischen Gründen. Ähnlich unterschiedlich fallen die Kurse in England und Australien aus, in Frankreich oder auf Martinique. Und ob man Portugal oder Brasilien auswählt, hängt nicht zuletzt von den eigenen musikalischen Vorlieben ab.

Wer sich für so etwas zu alt glaubt, den möchte ich an das Konzept des lebenslangen Lernens erinnern. Eine bayerische Freundin begann mit etwa sechzig Englisch zu lernen, beharrlich und mit Verve. Sie bedauerte es zutiefst, als Mitglied der Kriegsgeneration die Sprache des einstigen Feinds nie gelernt zu haben. Sie besuchte Kurse an der Volkshochschule Freising, sie hörte sich zu Hause Kassetten an und las einfache Krimis aus der Stadtbücherei. Das ermöglichte ihr und ihrem weniger polyglotten Ehemann lange Reisen durch die USA, mit vielfältigen Begegnungen, bei denen gewisse, für ihre Generation nicht unübliche Vorurteile abfielen wie eine alte Haut. Des amerikanischen Englisch halbwegs kundig, sprach sie in der Folge anders über die US-Amerikaner.

Denn auch die eigene Sprache ändert sich durch das Reisen, nicht nur, weil die Verwendung einer weiteren Sprache den Blick auf die eigene schärft, sondern auch, weil man die persönlichen Sprechgewohnheiten einer Selbstkritik unterzieht. Verallgemeinerungen werden stets Opfer der eigenen Anschauung. Platte Vergleiche fliegen zum offenen Fenster hinaus und mit dem Fahrtwind davon. Die Worthülsen der Reisebranche werden einer Prüfung unterzogen. Nichts an dem zauberhaften Ort Djenné in Mali ist erklärt durch das Attribut »das Venedig Afrikas« (überhaupt gibt es erstaunlich viele angebliche Venedigs auf der Welt, wenn man den Katalogen und Reiseführern glauben wollte). Nicht überall, wo eine kurvenreiche Straße eine felsige Küste entlangführt, handelt es sich um eine »Riviera« oder eine »Corniche«. Schiefe Vergleiche sind kommunikative Werkzeuge für diejenigen, die nicht genau hinschauen.

Eine besonders merkwürdige Art, als Reisender der Welt seinen sprachlichen Stempel aufzudrücken, sie nach eigenem Gutdünken zu beschriften, sie zu tätowieren wie einen fremden Körper, der einem ausgeliefert ist, sind die vielen Graffiti oder Kritzeleien, die weltweit auf Ruinen und wehrlosen Mauern prangen. Gemäuer, das zweitausend Jahre Krieg und Unwetter überlebt hat, muss erdulden, dass Heinz oder Jacques oder Tommy sich an ihm verewigen wollen. Auch dies ist kein neues Phänomen. Gustave Flaubert, der auf seiner Ägyptenreise ein ausführliches Tagebuch geschrieben hat, vermerkte Mitte des 19. Jahrhunderts:

»Die Dummheit ist etwas Unerschütterliches; alles, was versucht, sie anzugreifen, zerbricht an ihr. Sie ist wie Granit, hart und beständig. In Alexandria hat ein gewisser Thompson aus Sunderland seinen Namen in sechs Fuß hohen Buchstaben auf die Pompeiussäule geschrieben. Er ist noch aus einer Viertelmeile Entfernung zu lesen. Es ist nicht möglich, die Pompeiussäule zu sehen, ohne den Namen Thompson zu sehen und folglich auch an Thompson zu denken. Dieser Kretin ist eins geworden mit dem Monument und besteht mit ihm fort. Was sage ich? Er erschlägt es mit seinen prächtigen Lettern. Ist es nicht ein starkes Stück, künftige Reisende zu zwingen, an einen zu denken und sich seiner zu erinnern?«

Reisende sollten wenn möglich keine Spuren hinterlassen und ihre Unterschrift einzig unten auf den Kreditkartenausdruck setzen – oder in ein Gäste- oder Hüttenbuch.

6. Gipfel

Nur aufs Ziel zu sehen verdirbt die Lust am Reisen.

Friedrich Rückert

Die meisten Reisen sind Gipfelbesteigungen. Einem Höhepunkt entgegen, der früh schon auserkoren wurde, der lange im Voraus zu sehen war, der in unseren Erwartungen höher hinaufragt als der Mount Everest. »Ich kann es kaum erwarten«, denken wir, »ich freue mich so darauf«, sagen wir. Die Pyramiden von Gizeh, die Tempel von Palenque, die Ruinen von Angkor Wat, die Eisenhüttenwerke von Vítkovice in Ostrava, die *Big Five* auf Safari, der Blauwal und der Weiße Hai auf hoher See. Selbst im Zeitalter der allgegenwärtigen Bequemlichkeit nehmen wir erstaunliche Umwege, Mühen und Kosten auf uns, um Deception Island, Zagora oder Khajuraho zu erreichen.

Ultima Thule hieß das ferne Ziel jenseits des Geläufigen in römischen Zeiten, und viele Reisende haben ihrem jeweiligen Ziel diesen mystisch umwehten Namen gegeben. Für manche Römer waren es die Shetlandinseln, für Richard Francis Burton Island, für heutige Geografen ein Landpunkt auf Schmitt's Island im Arktischen Ozean, für James Holman erstaunlicherweise Guangzhou: »Endlich erreichte ich Kanton. Mein Herz schlug in stürmischem Entzücken beim Gedanken, dass ich zu guter Letzt meinen Fuß auf chinesisches Territorium gesetzt hatte. Es erschien mir wie die Erfüllung eines lang gehegten Traumes. Ich hatte gewissermaßen das ersehnte Ziel, mein *Ultima Thule*, erreicht.«

Der »lang gehegte Traum«, das »ersehnte Ziel« – darauf sind Reisende seit je fixiert, auf den einen Wunschgipfel. Früher strebten sie an einen Ort am Rande der bekannten Welt, doch dieser Rand verschwand, eine Obsession mit Superlativen setzte ein: der höchste Berg, der tiefste Tauchgang, der längste Flug. Als auch diese Markierungen erreicht wurden, mussten neue Gipfel erfunden werden: die Umsegelung der Welt, dann die Solo-Umsegelung der Welt, dann die Solo-Umsegelung der Welt in einer Walnussschale, mit dem linken Arm auf den Rücken gebunden und ohne Proviant an Bord. Vor allem die Bergsteiger übertrumpften sich mit zunehmend extremeren Herausforderungen, nachdem jeder Berg schon einmal bestiegen war. Einer der Pioniere, Reinhold Messner, sammelte, vor den Augen einer leidenschaftlich anteilnehmenden Öffentlichkeit, Gipfel und ausgefallene Rekorde wie andere seltene Briefmarken. In extremen Situationen, auf dem Gipfel, so die Annahme, offenbare sich etwas Profundes über den Menschen. Das ist aber keineswegs gewiss. Es könnte genauso gut sein, dass sich in Grenzsituationen nur zeigt, wie der Menschen auf Grenzsituationen reagiert.

»Normalsterbliche« Reisende müssen sich natürlich bescheidenere Gipfel aussuchen, dafür sind sie inzwischen auf Highlights geeicht, geleitet von Listen mit den wichtigsten Sehenswürdigkeiten, wie etwa dem Bestseller »1000 Places to See Before You Die« (so auch der Titel der deutschen Ausgabe). Unsere Obsession mit Superlativen (»der beste Autor seiner Generation«, »der beste Käsekuchen der Welt«) lässt uns auch auf Reisen nicht los, vor allem, wenn es um Messbarkeit geht. Es muss das Größte oder Bedeutendste sein – oder auch das Einsamste, Unverfälschteste. Natürlich sind die Iguazú-Wasserfälle an der Grenze zwischen Brasilien und Argentinien spektakulär, ihr Rauschen weithin hörbar, wahrhaftig das erwartete Naturwunder (damit es keinen Streit gibt: die Victoriafälle in Simbabwe sind ähnlich beeindruckend, Niagara etwas weniger, dafür nachts dramatisch beleuchtet). Aber ähnlich schön kann es sein, auf einer Wanderung, die spontan angetreten wurde, an den Uracher Wasserfall zu gelangen. Auf Trinidad versprach uns ein einheimischer Guide eine schöne Wanderung. Wir kletterten durch den Regenwald, wussten nicht, was uns erwartete, nahmen wahr, was am Wegesrand wuchs und wucherte. Wir wussten nicht, wie lange die Wanderung dauern und ob das Ziel lohnenswert sein würde. Wir erreichten einen kleinen Wasserfall mit zwei

Becken, einem oben, einem unten, dazwischen ein Gefälle von etwa fünf Metern, menschenleer, natursatt. Wir legten uns in die Becken und warfen uns unter den Strom des tobenden Wassers. Die Erfahrung war fast schöner als Iguazú, Victoria Falls oder Niagara.

Reisen ist keine olympische Disziplin, bei der das Prinzip »höher, schneller, weiter« gilt. Eher schon die alte Maxime: Dabei sein ist alles.

Gewiss, der Blick vom Kibo (Kilimandscharo) oder Point Lenana (Mount Kenya) ist göttlich. Manchmal aber ist der Gipfel in Wolken eingehüllt, und man sieht keine zwei Meter weit. Ich hatte mir den Ausblick über ganz London von meinem Hotelzimmer im Wolkenkratzer The Shard als atemberaubend ausgemalt, mir vorgestellt, wie ich stundenlang die Maserung der Stadt von oben betrachten würde, doch dann setzte Nebel ein, und ich sah aus dem 50. Stock in etwa so weit wie vom Souterrain aus. Höhepunkte erweisen sich oft als Enttäuschungen. Die weltberühmten Brücken in Florenz und Mostar sind zugebaut mit Schmuckgeschäften oder Souvenirläden, so überlaufen, dass man sich auf ihnen kaum bewegen kann, das Motiv abgegriffen, die Stimmung wie abgestandenes Bier. Um wie viel schöner ist die zwar beleuchtete, aber ansonsten kommerziell nicht ausgeschlachtete Pol-e Chādschu in Isfahan.

Ähnliches gilt für all die bezaubernden Tropenorte, sei es Paraty oder Ubud, Sansibar oder Flores, uniformierte, herausgeputzte, disneysierte Schmuckstücke, der Charme zu sehr einstudiert, voller Läden, die vermeintlich heimisches Kunsthandwerk anbieten, mit tropenschicken Restaurants, ausgestattet mit Trommeln und Skulpturen und ausgefallenen Versatzstückchen der Fremde, mit Muscheln als Aschenbecher, mit Fußgängerzonen, die freies WLAN anbieten.

Flores in Guatemala, auf einer kleinen Insel im Petén-Itzá-See gelegen, ist zweifellos schön, die kolonialen Bauten in warmen Farbtönen gestrichen, die Straßen aus Kopfsteinpflaster, der Sonnenuntergang ein Traum. Flores ist umgeben von einer gesichtslosen Stadt namens San Benito, einem berüchtigten Drogenumschlagplatz sowie Zentrum für die Viehzüchter der Region. Nur zehn Fußminuten vom Cocktail mit Papierschirmchen entfernt befinden sich Kneipen, die zugeparkt sind mit brandneuen SUVs, aus denen übergewichtige Männer mit Auswölbungen unter der Jacke aussteigen. Der öffentliche Raum in San Benito ist ungeordnet, während er im touristischen Flores durchkomponiert ist. Vieles funktioniert in San Benito; nichts ist ästhetisch. Flores mag zu den Höhepunkten einer Guatemala-Reise gehören, aber seine besondere Qualität wird nur sichtbar, wenn man auch San Benito aufsucht, sein augenöffnendes Gegenstück. Oasen des Tourismus sorgen dafür, dass bestimmte Gebäude, Plätze, sogar Kulturtechniken am Leben erhalten werden, weil sie ökonomisch wieder einträglich sind. Zugleich sind sie aber auch Scheinwelten, kandierte Kirschen auf staubtrockenem Kuchen.

Das Wunder der Nebensächlichkeiten lernte ich als Zehnjähriger an einem Wasserloch im kenianischen Nationalpark Tsavo kennen, wo die Touristen gebannt auf die Elefanten starrten, die aufgrund einer herrschenden Dürre in großer Zahl versammelt waren. Mir war ein wenig langweilig, weil wir in den drei Jahren unseres Kenia-Aufenthalts bereits jede Menge Elefanten gesehen hatten, auch riesige Herden im Marsabit-Nationalpark, unter ihnen alte Herren mit endlos langen Stoßzähnen. Dann erblickte ich auf der steinernen Balustrade direkt vor meiner Nase, kaum einen Meter entfernt, zwei Eidechsen, die sich balgten. Ausgiebig. Ein amphibisches Duell in der Sonne. Ich starrte gebannt auf diese Balzkämpfe, bis irgendein Tourist seine Kameratasche in der Nähe absetzte und die Eidechsen davonhuschten.

Seitdem hat sich die Ahnung, dass der Zauber der scheinbar kleinen Freuden eine Reise prägt, immer wieder bestätigt. Es sind gerade die Nebensächlichkeiten, die in den Vordergrund unserer Erinnerungen rücken … ein heißer Nachmittag, der Durst treibt uns von den uralten Steinbrüchen von El Haouaria, einer Stadt im nordöstlichen Tunesien, wo dereinst Sklaven unterirdisch Sandstein abbauten, zum nächsten Restaurant, dessen unterste Terrasse in einer Felsnische liegt, die Wellen lecken an den Tischbeinen, die Gischt spritzt ins Bierglas, Tunesier und Touristen nebeneinander an wackligen Tischen, die Urgewalt des Ozeans und die Zärtlichkeit des Augenblicks – wir wollen diesen Platz nie mehr verlassen.

Manchmal muss man die angeblichen Höhepunkte sogar bewusst meiden. Dringend geboten ist es, in bedeutenden Museen die legendären Exponate zu ignorieren. Es drängen sich alle, inklusive Reisegruppen und Schulklassen, vor den ikonischen Gemälden, jenen, die man

»gesehen haben muss«. In den Uffizien etwa reihen sich die Sichtsüchtigen schon in der Vorsaison dicht an dicht vor Botticellis »Geburt der Venus«, sodass keine Venus zu sehen ist, nur gelegentlich etwas Farbe zwischen den vielen dunklen Köpfen, so wie Fetzen Himmel an einem bewölkten Tag. Es ist undenkbar, sich ungestört der berühmten Muschelschale zu widmen. Also schreite ich etwas frustriert weiter. Im übernächsten Raum fällt mir ein Triptychon von Hugo van der Goes ins Auge, das mir unbekannt ist und vor dem niemand steht. Wäre ich dem Sog der Massen, dem schwer zu entrinnenden Bildungskanon light gefolgt, die »Anbetung der Heiligen Drei Könige« wäre mir vielleicht entgangen. In aller Ruhe kann ich diese bodenständige Interpretation des Mythos bewundern. Noch heute, Jahre später, kann ich mich an einige Details des Gemäldes erinnern, der Rest des Uffizien-Besuchs ist hingegen verblasst.

So individuell der Mensch, so eigen die Gipfel. Meine Frau erzählt heute noch verzückt von der Reifenschaukel, die ihr auf einer der Scilly Islands unvermutet in den Weg hing. Von dieser einen halben Stunde, schwebend zwischen glasblauem Himmel mit Magritte-Wolken und Blumenduft. Eine Kollegin schwärmt davon, wie sie, ohnehin schon euphorisiert durch das Upgrade auf eine Suite, eine Hotelnacht sozusagen Seite an Seite mit ihrem Lieblingsschauspieler verbrachte, dem sie im Fahrstuhl unverhofft begegnet war. Ein Freund, Bergsteiger seit Kindesbeinen, war nach einer langen, anstrengenden Wanderung durch die überwältigende Berglandschaft Ladakhs noch nicht ausgelaugt. Während unser Grüppchen sich fußmatt mit einem stärkenden Getränk vor unserem eilig aufgeschlagenen Zeltnachtquartier niederließ, erklomm er noch rasch einen kleinen, unscheinbaren Gipfel in der Nähe, eroberte ihn ganz allein, während Sonne und Freunde sich langsam der Tagesmüdigkeit ergaben. Nicht der Gipfel war Höhepunkt der Gefühle, sondern der abendliche Gebirgswind, der ihn sanft umhüllte, in beglückender Einsamkeit.

Für mich ist der Gipfel einer Reise oft die Erfahrung, dass die Welt besser und schöner sein könnte, als sie es ist. Die Begegnung mit einer Oase, wo ich mir verwundert die Augen reibe. Ein alternatives Zentrum in Guatemala etwa, wo alle miteinander am offenen Feuer gegrillte Flusskrebse essen und sich anhand verschiedener Projekte Gedanken über die selbstbestimmte Entwicklung der indianischen Dörfer machen. Oder das Wunder von Lac Horo in Mali, wo ein Markt inmitten der Wüste blüht. Zwei künstliche Kanäle verbinden diesen See über einen Staudamm mit dem Niger; ein um den gesamten See gezogener Graben speist vierzig Schleusen und ermöglicht durch Bewässerung ganzjährigen Anbau. Ein Ingenieur hatte ohne Unterstützung und ohne Gehälter trotz Tuaregüberfällen zusammen mit seinen Kollegen vor Ort ausgeharrt, als viele andere flohen. Die Fachleute mussten mit den Bauern auf den Feldern arbeiten, um sich zu ernähren. Aber ihre Beharrlichkeit und Selbstlosigkeit hat die ganze Region gerettet. Das Gespräch mit diesem Ingenieur war für mich einer der Höhepunkte auf einer langen, reichhaltigen Reise. Weil es mir aufzeigte, was Menschen erreichen können, wenn sie ihre Verantwortung ernst nehmen und solidarisch handeln. Oder das Ayurveda Guesthouse & Resort Bogenvillya am Ahungalla Beach in Sri Lanka, mit seinem traumhaft schönen Garten, das betrieben wird, um mithilfe der Einnahmen eine Schule für tausend Kinder aus ärmeren Familien aufrechtzuerhalten. Die gesunde Küche und die guten Absichten gehen eine beglückende Symbiose ein.

Als Touristen kommen wir zwar oft mitten in der Innenstadt an, stehen aber trotzdem meist an der Peripherie des einheimischen Lebens. Darüber sollten wir uns keine Illusionen machen. Das Wesentliche geschieht anderswo. Der Tourist ist selten dazu eingeladen. Wenn aber doch, wenn er oder sie sich quasi hineinschmuggelt, dann ist diese Teilnahme an örtlichen Festen, an der lokalen kulturellen Produktion ein besonderer Höhepunkt, weil das reisende Individuum emotional eine Gemeinschaft mit anderen eingeht – davongetragen, entführt, in einen Rausch versetzt.

Ein Freund, der eine solche ekstatische Erfahrung einmal eher zufällig gemacht hatte, konzentrierte sich in der Folge darauf – immerhin über zwei Jahrzehnte hinweg –, jedes Jahr zu einem Karneval zu reisen, irgendwo in der Ferne, wo dieses Fest exzessiv und jeweils unterschiedlich gefeiert wird, auf Trinidad etwa und in Salvador de Bahia, aber auch in Belgien. Der Rahmen des Karnevals war sein Zugang zu den vielen Fremden der Welt, und dieser Zugang war so intensiv, dass er andere Reisen, die ihm im Vergleich unergiebig erschienen, verschmähte.

In der Tourismusindustrie werden die Höhepunkte meist weit über das Verfallsdatum hinaus gepflegt. Selbstmystifizierungen sind gerade bei Hotels gang und gäbe. Wo einmal der britische Adel abgestiegen ist, da wachsen nur noch Illusionen. Das Raffles Hotel in Singapur ist legendär, nicht zuletzt, weil in der dortigen Bar der Cocktail namens Singapore Sling erfunden wurde. Aber die Long Bar unterscheidet sich nicht von anderen Bars, und die Zimmer sind schrecklich überteuert. Das Norfolk Hotel in Nairobi beherbergte die zukünftige Queen Elizabeth II. und den späteren Nobelpreisträger Ernest Hemingway, aber inzwischen liegt es nicht mehr idyllisch am Stadtrand, sondern ist umgeben von hohen Neubauten, eingeengt von einem martialischen Sicherheitszaun und insgesamt in die Jahre gekommen. Die Hatari Lodge am Fuße des Kilimandscharo ist ein unscheinbares Safari-Hotel, das seinen Glanz allein durch die beschworenen Erinnerungen an den einstigen Eigentümer Hardy Krüger und den Hollywood-Schinken gleichen Namens gewinnt (während der Dreharbeiten mit John Wayne und Elsa Martinelli verliebte sich Krüger in das Anwesen). Ähnliches gilt für manch ein Restaurant oder Café. Das Café Hawelka etwa, mitten im ersten Wiener Bezirk, war einmal ein berühmter Treffpunkt der Boheme, aber das ist länger her als die Geburt der meisten Touristen, die sich hineindrängen – was heute angeboten wird, ist deprimierendes Mittelmaß.

Höhepunkte lassen sich nicht wiederholen. Wie oft stellt sich Enttäuschung ein, wenn wir einen Ort aufsuchen, der uns einst verzaubert hat. Es ist nicht nur der Genius

Loci, der uns umgarnt, sondern die spezifischen Energien und Stimmungen des Augenblicks, die nicht replizierbar sind. Schon im Jahr darauf kann sich alles anders anfühlen, selbst wenn sich nichts geändert haben sollte. Oft aber ändert sich viel: Neben dem erwähnten Ayurveda-Hotel in Sri Lanka befand sich bei dem letzten Besuch ein Palmenhain, nun baut eine chinesische Firma ein gewaltiges Hotel für Tropensehnsüchtige, und der Hain ist perdu (um die Tropen auf touristischen Besuch vorzubereiten, müssen sie zum Teil zerstört werden). Andernorts: Letztes Mal führte nur eine Fähre an den nördlichen Strand, inzwischen ist eine Brücke erbaut worden; wo man einst mit dem Mofa einsam über die Küstenstraße tuckerte, staut sich nun der Verkehr. Andernorts: Die mittelalterliche Stadt, die einen als Jugendlicher überwältigte, erstickt nun an der Vielzahl der Menschen, die vernommen haben, wie betörend sie sein soll. Der zweite Besuch ist oft eine Enttäuschung, weil man unter der Messlatte der eigenen Erwartung hindurchläuft. Kleine Unterschiede können alles verändern. In Rio waren wir bei der Erstbegegnung direkt am Strand von Ipanema untergebracht, beim zweiten Mal in Barra de Tijuca, ebenfalls am Meer gelegen – das eine Mal erlebten wir das Rio des offensichtlichen Charmes, beim zweiten Mal einen Moloch mit schrecklichem Verkehr und moderner Dysfunktionalität. Und der Barkeeper im Ipanema-Hotel war ein Virtuose des Caipirinha, im zweiten schmeckten sie wie aus der Dose.

Das Schönste ist aber, wenn Gipfel die eigenen Erwartungen überragen. Kyoto und Isfahan, in meiner Wahrnehmung Zwillinge des höchsten sinnlichen und spirituellen Geschmacks, sind weltberühmt, und doch war ich von diesen Vorhöfen des Paradieses auf Erden und ihrer subtilen Eleganz tief berührt. Die Vermählung von geistiger Versenkung mit materieller Raffinesse bietet die Essenz dessen, was Menschen erreichen können. Die Schönheit der Formen wirkt universell, selbst ohne kulturhistorische Erklärungen ist jeder Ästhet berührt. Die Erhabenheit richtet die Besucher auf, erhöht sie, so sehr, dass sie für einen Augenblick in dem Anblick heimisch werden. Man kann in Kyoto und Isfahan nicht auf Durchreise sein, man ist in der Fremde angekommen.

7. Gegenwind

Eine Unannehmlichkeit ist ein fälschlich betrachtetes Abenteuer. Ein Abenteuer ist nur eine Unannehmlichkeit ins rechte Licht gerückt.

Gilbert Keith Chesterton

Wenn es spät wird in der Antarktis, aber nicht dunkel, wenn der Wind eisige Schneeflocken vor sich her treibt, wenn Kälte wieder die absolute Herrschaft übernommen hat, ist das Außendeck fast leer. Bis auf ein Dutzend Hartnäckiger. Die meisten Passagiere betrachten die Choreografie aus Licht, Farbe und schroffen Formen durch das Panoramafenster des Salons, dem dramatischen Anblick ausgesetzt, nicht aber den Naturgewalten. Draußen widerstehen einige wenige den Versuchungen der

Gemütlichkeit, setzen sich dem Wind und der Kälte aus. Jene, die drinnen bleiben, sind angeregt, beeindruckt, inspiriert, jene, die dem Wetter trotzen, sind schließlich nicht nur durchnässt, sondern auch durchdrungen von der Einmaligkeit dieser noch unberührten Landschaft. Die dort drinnen schlürfen Tee, die da draußen trinken Ekstase.

Unsere Reisen beginnen normalerweise auf Landkarten und Webseiten; die ganze Welt ist verführerisch übersichtlich dargestellt, zur handlich-vertrauten Miniatur geschrumpft, jeder Quadratzentimeter mit Informationen gespickt. Wir konsultieren Reiseführer, Internet, Freunde, verleihen unserer Reise vorab eine feste Kontur, stecken die Route ab. Bevor wir aufbrechen, wissen wir schon, wie die Fremde heißt, wo sie sich erhebt und welche Ausfahrt zu ihr führt. Wir reisen heutzutage in jede Fremde, weil uns dort nichts passieren kann, weil wir uns nicht verirren können, die Reißleine der vorgekauten Information fest in der Hand. Die Fremde weist keine Untiefen mehr auf, weil wir sie sorgsam umschiffen.

So bleibt das Gefühl der Befremdung auf der Strecke, das Gefühl, sich zu verlieren, das Gefühl, nicht zu verstehen, das Gefühl, nackt zu sein. Es entschwindet die existenzielle Überrumpelung. Wir fahren durch die Welt, aber wie viel erfahren wir von ihr? Reisen geht über den bloßen Wechsel der Lokalität hinaus – Reisen kann ein metaphysischer Akt des Erkennens und Erfahrens sein. Dazu müssen wir gewisse Risiken eingehen, manch eine Mühsal auf uns nehmen.

Reisen ist heutzutage im Vergleich zu früher sehr viel einfacher geworden. Die Welt ist überzogen von einem Netz von Haltestellen. Flugzeuge können fast überall landen. Wohin man auch kommt, man findet Anlaufstationen vor, wird mit vertrauter Nahrung und Unterhaltung bedient, kann Zuflucht nehmen in klimatisierten Räumen. Das ist ein zweischneidiger Fortschritt. Denn wer auf Reisen das Unangenehme, Mühsame, Schmerzhafte stets meidet, der könnte genauso gut Beruhigungsmittel schlucken. Das leicht Erreichte und das wirklich Erlebte verhindern sich gegenseitig. »Hindernisse und Schwierigkeiten sind Stufen, auf denen wir in die Höhe steigen«, schreibt Friedrich Nietzsche. Alles Wesentliche im Leben, alles, was wir als Gewinn empfinden, erwächst aus Mühe und Widerstand.

Jeder Radler kennt ihn, diesen ekelhaften Gegenwind, der jeden Pedaltritt doppelt so schwer macht. Entweder man beißt sich mit steifem Unterkiefer durch oder sucht eine geschützte Zuflucht, um sich in bessere Laune zu vespern, während man darauf wartet, dass der Wind sich dreht. Komfort gegen Mühsal, das ist eine häufige Alternative auf Reisen. So entspannend es sein mag, den Zumutungen des Klimas, der Armut, der befremdlichen Kultur zu entkommen; ergiebiger, intensiver und letztlich beglückender ist es, den Weg des größeren Widerstands einzuschlagen. Wir amüsieren uns über die Sänften, mit denen lahme oder faule Inder zu einem der Bergtempel hinaufgetragen werden, etwa der Jains in Rajasthan oder Gujarat, finden aber nichts dabei, einen Berg mithilfe einer Seilbahn zu bezwingen oder gar, wie in den USA teilweise möglich, mit dem eigenen

Jeep hinaufzufahren (man muss dabei nicht einmal in einen anderen Gang schalten). Vielerorts werden Erleichterungen aller Art offeriert, locken Luxusangebote, selbst an vermeintlichen Abenteuerschauplätzen wie dem Amazonas oder der Serengeti. Wer möchte, kann die Fremde von der Liege aus kennenlernen, wobei in solchen Fällen weder »kennen« noch »lernen« zutrifft.

Der Gegenentwurf beinhaltet, sich nackt zu machen (im übertragenen Sinn natürlich), um die Fremde am eigenen Leib zu verspüren, aus der eigenen Komfortzone auszusteigen, um sich dem Unbekannten auszusetzen. So wie man einem anderen Menschen näherkommt, indem man ihm die Chance gewährt, einen zu berühren (in jeder Hinsicht), nähert man sich der Fremde, indem man ihr in die Arme läuft, auch wenn diese etwas knorrig geraten sind. Im Gegenwind spüren wir das Leben, allumfassender Komfort hingegen ist der Sarg des Reisens.

Dies gilt keineswegs nur in abgelegener Natur, sondern auch für Großstädte, die einem alle Transport- und Übernachtungsmöglichkeiten anbieten. Nehmen wir zum Beispiel Bombay. Man könnte diesen Zwanzig-Millionen-Moloch meiden beziehungsweise nur den wohlhabenden Zipfel Colaba verkosten, etwa von der Terrasse des legendären Taj Hotel aus, oder man könnte ihn mit dem Taxi erkunden, in einem jener gelb-schwarzen Padminis, für die irgendwann in Urzeiten ein Fiat Modell gestanden hat – möglichst nicht klimatisiert, denn die Schwüle und der Geruch gehören zum Charakter einer Stadt, vor allem in den (Sub-)Tropen. Das richtige Bombay-Feeling erhält man aber in den

Nahverkehrszügen, die täglich mehr als sechs Millionen Pendler transportieren. Die Abteile zur Schieb- und Stoßzeit voll zu nennen wäre ein Euphemismus. Die Leiber pressen so sehr aneinander, dass man nach einiger Zeit nicht mehr weiß, wo der eigene Körper endet und der fremde beginnt. Die Luft reicht kaum zum Japsen aus, der Geruch dringt durch alle Gedanken. Anstatt auf eigenen Beinen auszusteigen, schießt man wie ein Korken hinaus, ehe in gegenläufiger Bewegung die ungeduldig Wartenden aufgesaugt werden. Die Fahrt ist wahrlich kein Vergnügen und doch eine Fundgrube für jeden, der an der Fremde wirklich interessiert ist. Man kann beobachten, wie die Menschen in der Enge miteinander umgehen; wie sie etwa Fahrgemeinschaften bilden, bei denen es angesichts einer täglichen Pendelzeit von drei bis vier Stunden sehr familiär zugeht (»der Höhepunkt meines Tages«, sagte einer der Männer einmal zu mir). Und man kann Teile der Stadt betrachten, die man ansonsten nie zu Gesicht bekäme, die illegalen Barackensiedlungen etwa, die manchmal so nahe an die Gleise reichen, dass die Passagiere im Vorbeifahren über die Haare eines Mädchens streichen könnten, das auf einem winzigen Balkon von der Schwester gekämmt wird. In einer Zivilisation, die das wirkliche Reisen fördert, würde eine Fahrt mit einem dieser Züge als Hauptattraktion Bombays gelten.

Nicht jede Mühsal lohnt sich. Eine kleine Blase, über die man ein Pflaster klebt, um anschließend kaum behindert weiterzuwandern, ist leicht zu verschmerzen, aber manchmal erlebt man (wahrhaft) deprimierende

Prüfungen: Der eigene Körper lässt einen im Stich. Die berühmt-berüchtigte Drake-Passage war für mich nur in sediertem Zustand zu ertragen. *Great lake or great shake,* lautet der Spitzname dieser Meeresstraße, die südlich von Patagonien den Atlantik mit dem Pazifik verbindet. In meinem Fall hatten sich Neptun und seine Nöcks auf einen mittelschweren Handschlag geeinigt, der mich in die Koje zwang. Der übliche Rat »Augen zu und durch« half nichts, da wurde mir noch übler. Nur wenn ich einen Punkt am Horizont fixierte, der im Bullauge schwankte, konnte ich Zwieback und Kamillentee bei mir behalten. Belohnt wurde ich danach mit den Wundern der antarktischen Halbinsel, bei glatter stiller See.

Manchmal ist man den gegebenen Herausforderungen geistig nicht gewachsen. Salt Lake City wirkte auf den ersten Blick recht adrett und aufgeräumt. Die Atmosphäre im »Mekka« der Mormonen, eher eine Firmenzentrale mitsamt Museum, in dem eine kniende Joseph-Smith-Figur vom Engel Moroni die Goldplatten des Buches Mormon empfängt, versetzte mir den ersten Dämpfer. Die Kirche nebenan dürfen nur Mitglieder der Later-Day-Saints betreten, auf allen Seiten Verbote und Gebote, die dem Leben die Freude aussaugen. Nach einem Besuch in dem größten Buchladen der Stadt, der nebst den Offenbarungstexten dieser Religion nur noch Werke der mormonischen Propheten führte (nicht einmal eine Biografie von Joseph Smith war im Angebot), war mir auf einmal alles unerträglich eng, meine Neugier ausgedorrt, ich stieg ins Auto und fuhr in die Salzwüste, wo ich den weiten Horizont wiederfand.

Eine besondere Form des Gegenwinds ist die Warteschlange, an der kaum ein Reisender vorbeikommt. Ich muss gestehen, diesen Prüfungen nicht gewachsen zu sein, ich verpasse lieber etwas als stundenlang anzustehen. Aber ich bewundere die Menschen, die vor der Wiener Staatsoper oder den Toren Wimbledons kampieren, manchmal gar übernachten, um eine der begehrten Karten zu ergattern, die in den freien Verkauf kommen. Ich vermute, dass die Mühsal, die sie auf sich genommen haben, sich lohnt, dafür wird die aus psychologischer Notwendigkeit einsetzende Verklärung schon sorgen.

Oft aber ist der Hype das Harren nicht wert. Wer einmal eine Dreiviertelstunde in der Mittagshitze vor einer Bäckerei in Greenwich Village in New York gewartet hat, um den Schlager der Saison namens Cronut (ja, tatsächlich eine Wortneubildung aus Croissant und Donut) mit eigenem Gaumen zu verkosten, weiß, wovon ich rede. Wie auch im Alltag werden Reisende oft Opfer jener gewaltigen Maschinerie, die jahreszeitliche Höhepunkte produziert. Nicht jede Mode verdient Zulauf und Beifall, erst recht nicht in Zeiten, in denen (Stichwort *fast fashion*) alle sechs Wochen der neueste Schrei in die Welt gellt. Denn der eigene Geschmack unterscheidet sich manchmal beträchtlich von dem Tagesmenü, und selbst Tipps von Freunden, die es eigentlich besser wissen müssen, können sich als Enttäuschung herausstellen.

Der vielleicht stärkste Gegenwind ist die Angst. Das erleben wir gegenwärtig sowohl in der politischen Rhetorik als auch in der Art und Weise, wie die Mehrheit der

Bürgerinnen und Bürger auf Reisen geht. Es ist natürlich, dass der Mensch eine gewisse Angst vor der Fremde empfindet. Man empfindet ja auch Angst, wenn man nachts in München, Berlin oder Wien jemandem begegnet, den man nicht kennt und der aus irgendwelchen Gründen gefährlich aussieht oder sich bedrohlich gebärdet. Nur lässt sich Fremde nicht verallgemeinern, sie verändert sich ständig in einem dynamischen Prozess des Annäherns und Abrückens. Die Fremde wandelt sich unentwegt. Das, was einen gestern noch einschüchterte, kann morgen schon vertraut wirken. Jeder von uns hat die Erfahrung gemacht, dass etwas, was zuerst sehr fremd wirkte, in der Folge nicht nur selbstverständlich, sondern existenziell für das eigene Leben wurde. Die Fremde lässt sich ins Heimische ziehen. Und diese Möglichkeit sollte man sich unbedingt offenlassen, ohne Angst zu haben, denn die kulturelle Flexibilität des Menschen ist erstaunlich.

Wo der gute Wille fehlt, übernehmen Vorurteile, Dogmen, Manipulationen das Ruder, der Einzelne glaubt sich einer so massiven Fremde gegenüber, dass er zum Schutz Mauern errichten muss. Gepanzert auf Reisen zu gehen ist ein Widerspruch in sich. Wer der Fremde misstraut, wer seine eigene Irrationalität nicht überwinden kann (die statistische Wahrscheinlichkeit, dass Sie Opfer eines Terroranschlags werden, ist geringer, als dass Sie im Badezimmer ausrutschen oder von der Leiter fallen), der sollte am besten nicht in die Ferne aufbrechen – was bringt es, mit dem Gefühl zurückzukehren, es sei noch mal alles gut gegangen?

Was aber tun, wenn der Gegenwind einfach nicht abflaut, wenn einem alles zuwider ist? Wenn sich am Ende des Tages keine beglückende Müdigkeit einstellt, keine Euphorie über das besondere Erlebnis? Ab einem gewissen Punkt sollte man sich nicht mehr quälen, sondern ab- oder weiterreisen. Die Flucht aus Salt Lake City etwa wurde durch zwei zusätzliche Wandertage im grandiosen Zion National Park belohnt. Manchmal reicht bereits ein anderer Stadtteil, der nächste Ort. Schwieriger wird es, wenn einem ein gesamtes Land quer sitzt. Eine Freundin erzählt heute noch von ihrer Reise des Grauens durch Griechenland. Ob Volos, Thessaloniki oder Chalkidiki, nirgendwo fühlte sie sich wohl. Das Essen schmeckte nicht, die Mentalität gefiel nicht, der Monat war schlecht gewählt, das Wetter trübte vor sich hin. Einzig die Hochzeit eines Kollegen, der Grund der Reise, erstrahlt hell am Erinnerungshimmel. Ein lange währender Traugottesdienst, währenddessen Kinder durch die Kirchengänge flitzten, Männer sich über Sportergebnisse austauschten, Ikonen geküsst wurden, die großartige Stimmung beim Abendessen, das ausgelassene Feiern, Sirtaki inklusive. Aber seitdem ist sie nicht dazu zu bewegen, Griechenland eine zweite Chance zu geben.

Der Fehler liegt meist in unseren übersteigerten Erwartungen. Warum soll auf einer Reise alles eitel Sonnenschein, sämtlicher Sand im zwischenmenschlichen Getriebe verschwunden sein? Reißt uns daheim etwa die Nachbarin nicht manchmal frühmorgens aus dem Schlaf, weil ihre schrillen Tiraden durchs offene Fenster dringen? Nun sitzt eine stimmlich mit ihr Verwandte am

Hotelpool und dominiert den Soundtrack des Ruhetages von ihrem Liegestuhl aus. Und jene, die im Alltag im Supermarkt mit ihren Wagen den Gang versperren, knallen einem im fernen Australien natürlich auch die Toilettentür vor der Nase zu. Auf Reisen entschlüpfen wir dem Alltag und landen immer wieder im Menschlichen, allzu Menschlichen.

»Reisen ist Leben«, sagt Jean Paul, »wie umgekehrt das Leben Reisen ist.«

8. Durststrecke

*Ich hatte tausend Kröten in der Tasche,
zwei Monate Zeit zum Totschlagen und Bock,
mal so richtig auf die Schnauze zu fallen.*

Matthias Debureaux

Es ist Zeit für unverblümte, brutale Ehrlichkeit. Reisen ist entsetzlich. Schrecklich. Unerträglich! Auf einem Bein die Nacht in einem überfüllten Zug von Kapiri Mposhi nach Lusaka zu verbringen; stundenlang auf einem Busbahnhof in Gujarat zu warten, angestarrt von tausend Augenpaaren; einem simbabwischen Soldaten mit blutunterlaufenen Augen und gezogener Waffe gegenüberzustehen. Oder in ein Land nicht einreisen zu dürfen, etwa in die USA, bei der Passkontrolle in Los

Angeles zur Seite genommen und in einen Raum mit den Verdammten dieser Welt – Bangladescher und Chinesen, Araber und Afrikaner – eingesperrt zu werden, bis sich Stunden später der Computerfehler offenbart.

Es fällt nicht leicht und ist gewiss nicht angenehm, sich in die Dürre zu begeben. Durch die trockene Ebene zu gehen. Schon um zehn Uhr geißelt einen die Sonne, die kleinen Stacheln des Büffelgrases bohren sich in die Beine, die Tsetsefliegen stechen selbst durch den dicksten Stoff hindurch. Jeder Schritt bis zum nächsten Affenbrotbaum, der einzige Schatten auf weiter Flur, ist eine Überwindung. Das Wasser ist uns ausgegangen, einen Tag lang suchen wir nach einem Brunnen. Erst am späteren Nachmittag taumeln wir in ein kleines Dorf hinein und trinken vom Brunnen mit panischer Gier: diese Erregung, das Wasser zu riechen, schon aus einigen Metern Entfernung. Wie es über die Hände fließt, der erste Schluck, die Ekstase.

Kein Augenblick dieser Erfahrung war schön. Und trotzdem, ich möchte sie nicht missen, weil ich einmal im Leben erlebt habe, was es bedeutet, auf Wasser verzichten zu müssen, nicht zu wissen, wann und wo man wieder etwas zu trinken bekommt. Unweigerlich denkt man in der Folge noch oft darüber nach, was es bedeutet, als Bürger Mitteleuropas jederzeit über Wasser verfügen zu können. Ich glaube, dass man sich verändert, wenn man gezwungen ist, seine eigenen Privilegien zu erkennen.

Es ist die unverblümte Wirklichkeit, die einem durch die abgelaufenen Sohlen drückt, schwer an den Riemen des Rucksacks wiegt und sich in schmerzenden Gliedern, in Schweiß und Dreck widerspiegelt. Die Erfahrung, dass die äußere Welt wirklich ist und wir auch wirklich sind, eingebunden in ein einmaliges, unvergleichliches Dasein. Auf ergonomisch korrekten Stühlen, in künstlich beleuchteten Großraumbüros und leise dahinrauschenden ICEs verlieren wir dieses Gefühl. Viele von uns sind Gefangene einer artifiziellen, simulierten Wirklichkeit, die wir akzeptieren, weil sie Sicherheit und ungefährdete Existenz verspricht. Umso wichtiger, gelegentlich aus ihr auszubrechen.

Mangel, Scheitern, das vermeintlich Negative, kann sich im Nachhinein als das Wertvollste auf einer Reise erweisen. Wer bereit ist, die Niederungen zu durchschreiten, der wird mit etwas belohnt, was durch nichts ersetzt werden kann: wahres Erleben.

Langeweile ist die zeitliche Investition, die Reisende aufbringen müssen. Langsames Reisen garantiert geradezu Lange-Weile. Ich meine das positiv. Wer mit Genuss isst, der muss Pausen einlegen, der lässt sich Zeit. Wer an einem jener merkwürdigen Wettkämpfe teilnimmt, bei denen innerhalb von zehn Minuten möglichst viele Eier oder Frikadellen verdrückt werden sollen, kann kaum als Gourmet gelten. Die Sammelgier der modernen Touristen ist mit Völlerei vergleichbar. Sie nimmt alles mit, was hergeht, sie orientiert sich geradezu an betriebswirtschaftlichen Effizienzkriterien. Sogar mein reiseerfahrener Vater erklärte mir neulich, er habe eine Baltikumkreuzfahrt gebucht, weil er auf diese Weise fünf Länder und sechs Städte innerhalb von sieben Tagen abhaken könne. Nein, er sagte nicht »abhaken«, sondern benutzte ein anderes, euphemistisches Wort wie »besuchen« oder »sehen«.

Es lebe die Langeweile. Zu meinen schönsten Erfahrungen gehören die langen Wartezeiten an afrikanischen oder indischen oder südamerikanischen Busbahnhöfen, das Beobachten des Alltags um mich herum, ohne zu wissen, wann es weitergehen wird. Das benötigt einige Übung. Denn der Zwang des Wartens und die Ungewissheit, was die nahe Zukunft bringen wird, sind zunächst schwer zu ertragen. Der ungeübte Reisende flucht und schimpft, vor allem auf die Unzuverlässigkeit der Fremde (die ja bekanntlich immer unzuverlässig ist, außer wenn sie die Form des Shinkansen zwischen Tokio und Osaka annimmt). Wenn man sich aber einmal in die Unwägbarkeit des Schicksals gefügt hat, wenn man »das Beste aus der Situation macht« (ein weiser Spruch, und mag er noch so abgegriffen sein) oder es zumindest versucht, erkennt man gerade in der Langeweile neue Facetten der Realität, so wie ein geduldiger Beobachter die zartesten Schattierungen in einem vermeintlich weißen Fächer entdecken kann.

Man muss Langeweile zulassen, um anzukommen und alles betrachten zu können, aber auch, um sich selbst zu hören, um jene Stille und Ruhe zu finden, die existenzielle Fragen stellt, vor denen wir oft davonlaufen, die wir mit Aktivitäten übertünchen.

Reisen ist geprägt von einem Zusammenspiel von Dramatik und Trägheit. Auf dem Tafelberg, der hinter Kapstadt thront, schlug ich meinem Wanderfreund Nuruddin Farah eine Abkürzung vor. Der Pfad wurde zunehmend enger, war kaum noch zu erahnen, bis wir einen steilen, erodierten Abhang erreichten, den wir offenkundig zu überqueren hatten. Ich ging voran, rutschte mehrfach aus, gelangte auf die andere Hangseite, festeren Boden unter den Wanderschuhen, drehte mich um und sah, wie sich Nuruddin an einem Felsen festhielt, der sich auf einmal vom Hang löste und mitsamt meinem Freund bergab rutschte. Nach einigen Schocksekunden rief ich seinen Namen aus und vernahm von weiter unten eine krächzende Antwort. Es war ein kleines Wunder. Er hatte Prellungen erlitten, er blutete, aber es schien nichts gebrochen. Nur waren wir in einer steilen Seitenschlucht gefangen. Wir riefen die Bergwacht an (zum Glück hatte ich mein Handy dabei und Empfang – in Höhenlagen keine Selbstverständlichkeit), setzten uns auf einen Vorsprung, zwischen uns ein kleiner Baum, den wir gelegentlich anfassten, um nicht abzuheben. Unter uns der Ozean, über uns die einbrechende Nacht. Wir saßen sechs Stunden an diesem Platz, vielleicht waren es auch sieben, bis die freiwilligen Helfer zusammengerufen worden und von der anderen Seite des Berges zu uns hinaufgestiegen waren. Wir warteten und redeten, wir warteten, versunken in Gedanken. Wir warteten und scherzten über unsere Dummheit (weil ich falsch geführt hatte, weil er mir blind gefolgt war). Es war eine der schönsten Zweisamkeiten meines Lebens, während wir baumelten zwischen knapp vermiedenem Unglück und baldiger Rettung. Unter anderem überlegten wir uns, welche Vorwürfe auf uns niederprasseln würden. Als uns aber die Bergwacht an Seilen hinaufgehievt hatte und der Leiter der Truppe unsere Personalien aufnahm, fragte er als Erstes, woher wir stammten. Somalia, antwortete Nuruddin; Bulgarien, erklärte ich. Worauf sich ein glückliches Grinsen auf dem Gesicht des Mannes ausbreitete: »Unglaublich, auf einen Schlag zwei neue Länder!« Es stellte sich heraus, dass er in einem kleinen Notizbuch die Herkunft der von ihm Geretteten notierte und angesichts der vielen Deutschen und Engländer, die er gewöhnlich vom Berg holen musste, manch eine Durststrecke zu ertragen hatte, an diesem Tag aber, genauer gesagt zu dieser Mitternacht, reichlich belohnt wurde, denn noch nie hatte er einen Somalier und einen Bulgaren vom Berg heruntergeholt. Fast war er uns dankbar, dass wir uns in Gefahr gebracht hatten.

Wer reist, wird enttäuscht. Die Vorfreude zerspringt vor Ort in einen Scherbenhaufen, wenn die bewunderte Kathedrale eingerüstet, das berühmte Restaurant geschlossen, die moderne Villa an diesem Tag nicht mehr für Führungen buchbar oder die Küstenstraße gesperrt ist. In Miami hat ein junger Mann vor mir in der Schlange fast geweint, als er hörte, dass der Mustang, den er vor Monaten bei der Autovermietung reserviert hatte, doch nicht verfügbar sei. Welche Enttäuschung, wenn man Hunderte von Kilometern gefahren ist, um Hearst Castle zu besuchen, nur um zu sehen, wie der letzte Bus zum kalifornischen Fantasieschloss des berühmten Medienmoguls entschwindet. Wenn man als Reisepartner an der Verspätung schuld sein sollte, wird einem so etwas noch Jahre später unter die Nase gerieben.

Etwas zu verpassen ist ärgerlich, schlimmer noch ist es, das eine oder andere nicht verpasst zu haben. Das legendäre Hotel entpuppt sich als bessere Bruchbude, der Campingplatz ist überschwemmt, das Quartier entspricht zwar den Erwartungen, wären da nur nicht die Bauarbeiten im Gebäude gegenüber. Manchmal erweist sich die gesamte Reise aufgrund unveränderlicher und unüberwindbarer Durststrecken als quälend. Mit Schaudern erinnere ich mich an einen Aufenthalt im indischen Kerala, wo wir uns auf Empfehlung des Freundes eines Freundes für vierzehn Tage in eine Mischung aus Kloster und Kurort einmieteten. Es war die Ayurveda-Hölle auf Erden: die Behandlungen inkompetent, das Essen ungenießbar, die Atmosphäre unangenehm. Anstatt aber zu fliehen, harrten wir tapfer aus, bis beide Frauen einen heftigen Ausschlag bekamen und mir unter abenteuerlichen Umständen der Blinddarm entfernt werden musste.

Verlassen Sie die ungastliche Absteige, suchen Sie sich eine neue Unterkunft. Ziehen Sie weiter, überlassen Sie sich lieber dem Ungewissen als dem gewiss Unwirtlichen. Sonst könnte es Ihnen ergehen wie einer Freundin, die von zu Hause aus ein Motel in einer kanadischen Stadt für mehrere Übernachtungen gebucht hatte, aber gleich beim Betreten des Zimmers von üblen Ahnungen beschlichen wurde. Wacker kämpfte sich das Paar durch den Aufenthalt, schlug sich die letzte Nacht kratzend und fluchend um die Ohren. Am nächsten Morgen fuhren sie mit Sack und Pack auf den Parkplatz einer bekannten Kaffeeröstereikette, breiteten Hab und Gut im Auto aus und warteten mehrere Stunden lang, bis sämtliche Bettwanzen in der glühenden Sommerhitze alle sechse von sich gestreckt hatten.

Besonders empfindlich trifft einen die zwangsverordnete Durststrecke, wenn eine Krankheit zuschlägt, und sei es nur eine deftige Erkältung (nicht jeder Mitteleuropäer hält der zugigen Kälte brachial eingestellter Klimaanlagen stand). Dem *iter interruptus*, ob selbst geplant oder noch schlimmer auf einer organisierten Reise, lässt sich nichts Positives abgewinnen. Durchhalteparolen à la »Auch das geht vorüber« treiben das Fieber nur noch einige Grad zusätzlich nach oben. Manchmal ist die Reise eine Gleichung, die nicht aufgehen kann.

Die schlimmste aller Durststrecken ist der Verlust von Reiselust. Das geschah mir in Ella, einem Bergdorf in Sri Lanka, das an einer der schönsten Bahnstrecken der Welt liegt, eine koloniale *hill station* (dereinst verbrachten dort die Kolonialbriten ihre Sommerfrische), wo hinter Teeplantagen Urwald wuchert und neben Internetcafés große schwarze Ameisen Straßen bilden. Mit einem Schlag hatte ich keine Lust mehr, unterwegs zu sein, keine Freude mehr am Reisen. Es regnete, wie schon seit Tagen, der Nebel hatte Ella die Augen verbunden, in jedem Café saßen einige grummelnde weiße Touristen und tranken Papayasaft. Die Stimmung war wie nach einem Mittagsschlaf, der zu lange gedauert hat. Der verbleibende Tag bis zum Sonnenuntergang war zu einem kleinen Fenster geschrumpft, zu einem Blick auf etwas Zufälliges, das im nächsten Augenblick wieder vergessen wäre. Die Wanderlust war aus mir herausgeflossen wie aus einem geplatzten Wassersack. Ich stand da und wunderte mich, was ich an diesem Ort verloren hatte. Auf einmal traten all die unangenehmen Aspekte des Reisens in den Vordergrund: die schlechten Matratzen, die Moskitostiche, der wässrige Kaffee, das lange Warten – auf den nächsten Bus, auf den zuständigen Beamten, auf den Sonnenuntergang, auf die Mondfinsternis. Alles am Reisen erschien mir eine Prüfung zu sein, und es war, als wäre nichts damit gewonnen, diese Prüfung zu bestehen. Die Sehnsucht nach meiner Wohnung und meiner Bibliothek befiel mich wie ein Bauchkrampf. Ich setzte mich hin und schloss verzweifelt die Augen.

9. Fußläufig

*Wenn man nur ankommen will,
kann man mit der Post fahren,
wenn man aber reisen will,
muss man zu Fuß gehen.*

Jean-Jacques Rousseau

Eigentlich gibt es nur eine Art zu reisen: zu Fuß. Alles andere ist zu schnell und zu laut, überinstrumentiert und entfremdet. »Schildkröten können dir mehr über den Weg erzählen als Hasen«, lautet ein chinesisches Sprichwort. Nietzsche behauptet, es sei keinem Gedanken zu trauen, den man sich nicht erlaufen habe. Und Bruce Chatwin bringt es auf den provokanten Punkt: »Wandern ist Tugend, Tourismus eine Todsünde.« Ich reise viel zu selten zu Fuß. Aber wenn ich es tue, spüre ich sofort, dass es keine bessere Art der Fortbewegung gibt …

Seit Tagen in Manama, der Hauptstadt Bahrains, unterwegs. In einer motorisierten Umwelt, die mich zu verachten scheint, artet mein Herumschauen in die verzweifelte Suche nach etwas Altehrwürdigem aus, etwas, das von der Zeit angenagt oder gar zerfressen ist, nach einem Gebäude, einem Platz, der seine Existenz lieber mit der Vergangenheit teilt, als sich selbstsüchtig neu zu erfinden. Ich suche nach irgendeinem Überbleibsel und finde mich, Ecke um Ecke, in einer gesichtslosen Moderne wieder. Die Gebäude sind Kastenbauten aus Beton, nach dem Containerprinzip konstruiert, durchweht vom fahlen Hauch der Klimaanlagen, denn die Einheimischen ertragen ihre eigene natürliche Luft nicht mehr. Das Alte ist fast vollständig zerstört, abgesehen von einigen musealen Häusern. Selbst die Reichen haben ihre schönen traditionellen Paläste abgerissen, um sie durch geschmacklose moderne Konstruktionen zu ersetzen. Was soll man fühlen in einer Stadt, deren schönster, spannendster Ort das Museum ist (wie auch in Doha, wie auch in Dubai)?

Als ich in Los Angeles dem ambitionierten Plan folge, den weltberühmten Wiltshire Boulevard an einem Tag von Süden nach Norden, von der Küste bis in die Inner City zu wandern, um entlang dieser schier endlosen Straße die Vielfalt der ausufernden Metropole kennenzulernen, hält zweimal ein Polizeiwagen neben mir.

Nicht um mir, der ich so ganz offensichtlich Tourist bin, freund-und-helfer-mäßig beizuspringen, sondern um mich misstrauisch nach meinen Absichten zu befragen.

Obwohl ich zehn Jahre in Ostafrika gelebt habe, erweist sich eine zweimonatige Fußwanderung durch Tansania als Offenbarung, denn ich reise in einer neuen Rolle durchs Land, als hilfsbedürftiger Streuner. Ich falle in die Kategorie des müden Wanderers, dem Menschen überall auf der Welt mit den traditionellen Mitteln der Gastfreundschaft begegnen: jemand, der mit Neugier begrüßt, empfangen, bewirtet und dann verabschiedet wird. Ich bin den Einheimischen gewissermaßen gleichgestellt. Weil ich zu Fuß gehe, ändert sich das Verhalten der Menschen mir gegenüber und damit auch mein Blick auf sie.

Während der ersten zwei Wochen auf dem Fußmarsch von Bagamoyo nach Ujiji in Tansania war ich mit mir selbst beschäftigt. Mein Kopf ließ die Ereignisse der letzten Monate Revue passieren, Unverdautes wurde von allen Seiten beleuchtet, erst allmählich setzte Gleichmut ein. Als alles Liegengebliebene abgetragen war, spürte ich eine seltene gedankliche Klarheit, war gänzlich im jeweiligen Augenblick, beobachtete konzentriert und staunte über die Gedanken, die in meinem Kopf sprudelten. Das tägliche ausgiebige Gehen weckte in mir eine Wachheit, die mich wie eine Bogensehne spannte. »Nie habe ich so viel nachgedacht«, schreibt Jean-Jacques Rousseau in seinen »Bekenntnissen«, »nie war ich mir meines Daseins, meines Lebens so bewusst, nie war ich sozusagen mehr ich selbst als auf den Reisen, die ich allein und zu Fuß gemacht habe. Im Wandern liegt etwas, was meine Gedanken anfeuert und belebt, und wenn ich mich nicht von der Stelle rühre, kann ich kaum denken: Mein Körper muss in Bewegung sein, wenn es mein Geist sein soll.«

Dieser monatelange Fußmarsch geschah vor bald zwanzig Jahren. Inzwischen spüre ich die technologische Beschleunigung auch in mir wirken. Es fällt mir schwerer, langsamer zu treten. Das Smartphone ist der Feind der Versenkung. Flüchtig flattert auch meine Aufmerksamkeit von einer Nebensächlichkeit zur anderen, rastlos nach der nächsten Ablenkung gierend, dem weiteren Höhepunkt. Geradezu als verschroben gilt heutzutage, wer sich in seinem Urlaub nur mit einem Fleck beschäftigt. Ich komme mir vor wie der Reisende in Bertolt Brechts Gedicht »Der Radwechsel«: »Ich sitze am Straßenrand. / Der Fahrer wechselt das Rad. / Ich bin nicht gern, wo ich herkomme. / Ich bin nicht gern, wo ich hinfahre. / Warum sehe ich den Radwechsel mit Ungeduld?«

Aber ich zwinge mich zu dieser Ungeduld, zu dieser Langeweile, weil ich weiß, dass sich nach einigen Tagen eine Ruhe in mir ausbreiten wird, ich schon übermorgen das zurückgelassene Smartphone nicht vermissen werde. Weil ich der Erfahrung trauen kann, dass ich im Gegenzug Wichtiges gewinnen werde: Wachheit und Einsicht.

Wer mit dem Auto, dem Bus, dem Zug oder dem Motorrad durch die Landschaft prescht, erfährt diese nur mit den Augen. »Vom Auto aus kannst du nichts sehen«, schreibt der große Dichter der Wildnis Edward Abbey in »Die Einsamkeit der Wüste«, »du musst diese verdammte Vorrichtung verlassen und zu Fuß losgehen, besser noch, loskriechen, auf Händen und Knien, über den Sandstein, durch Dornengebüsch und Kakteen. Erst wenn Blut deine Spur markiert, wirst du eventuell etwas sehen.«

Wem dies etwas zu engagiert erscheint, kann sich an den legendären deutschen Wanderer Johann Gottfried Seume halten: »So wie man im Wagen sitzt, hat man sich sogleich einige Grade von der ursprünglichen Humanität entfernt … Fahren zeigt Ohnmacht, Gehen Kraft.« Wer die Welt zu Fuß durchstreift, sieht mit dem ganzen Körper. Durch die Windschutzscheibe betrachtet, schaut die Fremde aus, als wäre sie schlecht in die eigene Sprache übersetzt. Zu Fuß erscheint sie uns auf eine intime Weise verständlich, zugänglich.

Die ursprüngliche Fortbewegungsweise des Menschen – zu Fuß – ist zugleich die intensivste Art des Reisens. Der Fußgänger ist auf die eigene Muskelkraft, auf die Geschicklichkeit seines Körpers angewiesen, der Wanderstock sein einziges Hilfsmittel. Wer den eisigen Wind spürt, weiß mehr vom Horizont. Zu Fuß sieht es sich besser und genauer, die Flüchtigkeit des Durch-die-Landschaft-Sausens ist aufgehoben, der Schritt zurück ist einfach, wenn sich das Auge in einer Lichtnelke, einem Fuchsbau, einer Lüftlmalerei verfängt. Unsere Aufmerksamkeit wird geschärft, Kostbarkeiten, die man in der Eile übersehen hätte, erhalten die verdiente Würdigung. Gehend graben wir uns intensiver in die Welt hinein. Verweilen, anstatt auf der Oberfläche dahinzugleiten. Der Augenblick ist das Ziel. Aus Mühsal entsteht Freiheit. Auch im Kopf.

Es gibt viele Gangarten. Das Schlendern bei Stadtspaziergängen etwa, unbelastet von Gepäck und Zeitdruck. Der Flaneur ist jederzeit bereit, in eine Galerie hineinzutreten, weil ihm ein Gemälde im Schaufenster ins Auge sticht, oder sich in einem besonders reizvollen Café niederzulassen. Köstlich, diese Fächertorte, danach lässt sich's gleich nochmals so gut auf dem Asphalt »botanisieren«, wie Walter Benjamin das sinnlich träge Bummeln nannte. Der passionierte Stadtgeher Ian Sinclair, ein Sohn des Londoner Ostens, der einen tapferen, aber aussichtslosen Kampf gegen die Gentrifizierung seiner Stadt führt, spricht von einer Psychogeografie, die sich dem Geist des Gehenden einschreibt, eine Melange aus Örtlichkeit und Befindlichkeit. Eine innere Landkarte, mithilfe derer die Bewohner einer Stadt diese zu ihrer machen können. Der Fußgänger belebt den Raum, der Autofahrer besetzt ihn.

Beim Wandern wird ein forscherer Schritt angeschlagen. Ein zielgerichtetes Gehen, halb Erholung, halb Sport, das nach zügigem Ausschreiten verlangt, mag der Rucksack im Laufe des Tages noch so schwer wiegen. Mittlerweile gibt es Unternehmen, die einem diese Last abnehmen – das Gepäck wird ins nächste Hotel, die nächste Pension voraustransportiert. Der Wanderer entscheidet sich für seine ganz individuelle Tour, bestimmt frei, wie lange er täglich unterwegs sein, wo er Rast einlegen möchte. Unbeschwert kann er die Landschaft durchschreiten, eine moderne Variante des Reisens aus guter alter Zeit, als sich die hohen Herrschaften lediglich mit einem Portemonnaie auf Tour begaben, denn Diener und Gepäckträger schleppten sich mit dem Ballast ab, den Reichtum anhäuft.

Draußen gibt es keine Klimaanlage, kein Duftbäumchen baumelt Chemie verströmend am Rückspiegel, der Geruch der Umgebung dringt auf einen ein, im Schlechten (»Iiiiiieh, Landluft!«) wie im Guten (holder Flieder, betörender Frangipaniduft, sonnendurchtränkter Waldboden, frisch gemähtes Gras, ja sogar der Asphalt nach einem Sommerregen). Soll Reisen nicht Urlaub vom Alltag sein? Also eine Entdeckung des Gehens jenseits der reinen Notwendigkeit, rasch vom Auto in den Supermarkt, zum Steuerberater, zum Arzt zu flitzen oder den Müll nach unten zu bringen. Nicht mehr lästiges Füllsel zwischen Büro, Esstisch und Fernseher, sondern reine Lust an der Fortbewegung. Freude, Ekstase, Euphorie.

Seume bemerkte bereits 1806 prophetisch, als Sitzen noch nicht das neue Rauchen war, »dass alles besser gehen würde, wenn man mehr ginge«. Eine Einsicht, der wir viel zu selten folgen. Dabei führen wir das nötige Vehikel allzeit mit uns, müssen also nur hinein in die Wander-/Hiking-/Trekkingschuhe, und es kann losgehen, im trittfesten Sinne des Wortes. Zumal die Wanderschuhindustrie eine unübersichtliche Anzahl von Problemlösungen für jeden krummen Fuß und schiefen Auftritt offeriert: verschiedene Schafthöhen, Sohlenprofile (Dämpfung!), Fersenstabilisierung, Goretex, Nubukleder, das Passende für leichte, schwere oder mittelschwere Touren, für Genuss- oder Bergwandern. Das Angebot kann einen überwältigen, will man doch nur eines: keine Blasen und möglichst wenig Gewichtsklotz am Bein – die oberste Regel des Wanderns ist Leichtfüßigkeit.

Gehen bedarf weder langer Vorbereitung noch eines ausgedehnten Urlaubs, die Fußreise kann für ein Wochenende angetreten werden. Vor der eigenen Haustür wimmelt es nur so vor unentdeckten Zielen. In Stadtnähe lassen sich längere Strecken stückeln, am nächsten Tag fährt man einfach mit Bahn oder Tram zum »Gipfel« des Vortags und marschiert von dort aus weiter. So ging ich vor, als ich eines Frühlings der Themse von Osten nach Westen durch ganz London folgte. Tageweise arbeitete ich mich vor, über Teer, Treidelpfade, Holzplanken. Man könnte sich aber auch ein Beispiel an der großartigen Idee des britischen Journalisten Mark Mason nehmen, der alle Linien der London Underground oberirdisch abwanderte und seine Stadt von unerwarteten Seiten kennenlernte. Oder man läuft einfach los, ohne Ziel, ohne zu wissen, wie weit einen die Füße tragen.

In der Kindheit sattelt man nur widerwillig Schusters Rappen. Am ehesten mit dem Versprechen, am Ziel winke ein Eis, ein Schnitzel mit Pommes frites oder irgendein anderes Leibgericht, das zu Hause nie auf den Tisch kommt, kann der Nachwuchs beim Wanderstock gehalten werden. Trotzdem geht es bei den unseligen Sonntagsspaziergängen oder Urlaubsbergwanderungen nicht ohne Meckern und Nörgeln ab. »Sind wir endlich da?«, lautet der Refrain im Tonfall des tiefsten Unverständnisses, was denn die Erwachsenen an diesem endlosen Getrabe durch die Landschaft so wunderbar finden. Später, freigeschwommen vom Zwang, begibt man sich freiwillig per pedes zu den Ursprüngen. Wird zum Jäger und Sammler der Augenblicke, spürt eine vage Verbundenheit zu den Vorfahren, wenn man an Feldern vorbeigeht, die bereits gemäht sind (allerdings finden sich kaum mehr Diemen oder Heumanderl, heute ist alles säuberlich in Plastik gerollt).

Manchmal blättere ich den eigenen Erinnerungsatlas auf, der mit Fußmärschen in der Kindheit beginnt … ein Waldpfad, nächtliche Stille, ein Fluss vor uns, mein Vater nimmt mich huckepack, watet auf die andere Seite. Die Anspannung der Eltern, der kindliche Übermut – die Flucht über den Eisernen Vorhang war meine erste Wanderung. Ich blättere weiter … der Pfad entlang einer Caldera, Staub und Durst, die Ausblicke über den Großen Ostafrikanischen Graben, drei Schlangen, die sich vor unseren schweren Schritten verkriechen, der Stolz, die Umrundung des Vulkans geschafft zu haben. Das war am Mount Longonot, ich war zehn, zuerst genervt, später begeistert. Ich blättere weiter … Auf Klassenfahrt ist unser Bus im Schlamm von Mount Elton stecken geblieben. Zwei Jungs und der Klassenlehrer machen sich auf den Weg, nach Hilfe zu suchen, ein jeder in eine andere Richtung. Als ich den Eingang des Nationalparks erreiche, ist das Wächterhäuschen verschlossen, der Posten verwaist. Auf dem Rückweg laufe ich durch die Nacht, und jedes Geräusch konfrontiert mich mit meiner eigenen Angst. Affen klingen in der Dunkelheit wie Ungeheuer, jedes Rascheln bedeutet unsichtbares

Unheil. Mir ist, als könnte ich noch immer jeden Schritt vergegenwärtigen …

Und wenn ich heute von kommenden Reisen träume, dann am häufigsten von einem Aufbruch ohne Vorbereitung, von einem Rucksack mit dem Allernötigsten, von leichtfüßigen Schritten aus der Stadt hinaus, den Fluss entlang, Richtung Osten, von einer Heimat zur nächsten.

Intermezzo: Ein (letztes) Foto

1994 habe ich zum letzten Mal auf einer Reise fotografiert. Im Jahr darauf erschien »Hüter der Sonne. Begegnungen mit Simbabwes Ältesten«, mein erster und einziger Fotoband. Ich habe quasi auf dem Höhepunkt meiner fotografischen »Karriere« aufgehört. Warum? Die zwei Reisen jenes Jahres führten mich durch Simbabwe und entlang des Niger von der Quelle bis zur Mündung. Während der ersten Reise suchte ich zusammen mit dem simbabwischen Schriftsteller Chenjerai Hove alte Frauen und Männer auf, die in einer vorkolonialen Welt aufgewachsen waren. In langen Gesprächen versuchten wir herauszufinden, welche traditionellen Werte und Auffassungen in ihnen noch lebendig waren. Da die Gespräche meist auf Shona und Ndebele geführt wurden, zwei mir fremde Sprachen, verbrachte ich Stunden, manchmal Tage damit, die Alten zu beobachten. Ihre Gestik und Mimik, ihre Körperhaltung, ihre Stimmlage waren meine einzigen Anhaltspunkte. Und da wir herzlich willkommen geheißen wurden, beschleunigte sich der Prozess des Ankommens, es war mir bald schon ein Leichtes, zu fotografieren, ohne zu stören.

Entlang des Niger, eine schwierigere Reise, bei der die Mühsal des Vorankommens oft alles andere überschattete, führte ich ein Notizbuch und fotografierte, bis zu jener Düne an einer langen Flusskrümmung am Südrand der Sahara, als ich ausrutschte und mitsamt Kamera hinunterpurzelte, was mir angesichts des weichen Sandes nicht wehtat, die Kamera aber außer Gefecht setzte.

Wie jeder Reisende weiß, muss man sich immer wieder entscheiden, ob man ein Foto schießen, Notizen kritzeln oder nur beobachten will. Solche Entscheidungen haben Auswirkung auf die eigene Wahrnehmung. Multitasking mag ein Modewort und das Ideal einer nach Effizienz gierenden Epoche sein, aber beim wirklichen Reisen stößt man unweigerlich an seine Grenzen, zumal in anstrengenden oder gefährlichen Situationen. Am Niger wurde mir die Entscheidung von der Düne abgenommen.

Als ich zu Hause das Bild- und Textmaterial sichtete, fiel mir schmerzlich auf, wie sehr die Notizen den Fotos hinterherhinkten. Im Gegensatz zu den Situationen in Simbabwe hatte sich auf dieser Reise eine Konkurrenz zwischen den Sinnen ergeben, mit negativen Auswirkungen für den Text. Weil ich meine poetische Entzückung schon beim Fotografieren ausgelebt und meist erst am Abend notiert hatte, was meinem Gefühl nach der Kamera entgangen sein musste, waren die Notizen nüchtern, pedantisch und uninspiriert geraten, so sehr, dass mir nach einer kurzen Bedenkzeit klar wurde, ich würde keinen literarischen Bericht über diese ungewöhnliche, erlebnisreiche Reise schreiben können. Seitdem fotografiere ich allein mit meinen Augen und meinem Notizbuch, meist indischer Provenienz, das Papier aus Altkleidung hergestellt, eingeschlagen in genarbtes Leder. Wenn es aus professionellen Gründen der Bilder bedarf, bitte ich einen Fotografen, mich zu begleiten. Oder ich verlasse mich auf Mitreisende, die dem Bild den Vorzug geben.

10. Augen auf

Erst das Auge schafft die Welt.

Christian Morgenstern

Unsere Reisen beginnen auf Landkarten, mit Prospekten, im Internet. Da ist die Welt übersichtlich und verführerisch dargestellt, geschrumpft zu einem genehmen Maßstab. Auf jedem Quadratzentimeter Informationen, so dicht, wir können nicht durch das gespannte Netz fallen. Unsere Reise hat feste Konturen. Das hat Konsequenzen für unsere Wahrnehmung. Wir meinen zu wissen, was wir sehen werden. Also reißen wir die Augen seltener auf – und konzentrieren uns auf das Dokumentieren der eigenen Präsenz. Manch ein Urlauber stolpert halb blind durch Landschaften und Städte, den Fotoapparat im Anschlag. Die Kamera übernimmt die Aufgabe des Auges.

Die langen Tage in der Antarktis verbringe ich meist auf dem Außendeck, während im Dämmerlicht Eisberge vorbeiziehen, ich schaue mir die Augen wund, gefesselt von den Panoramen und Formationen, an denen unser Schiff vorbeigleitet. Neben mir andere Staunende. Wir sind in der Minderheit. Die meisten Passagiere, viele von ihnen aus China, treten hinaus und schieben sich sofort den Sucher vors Auge, so als würden sie ein Visier herunterklappen. Im Sekundentakt wird gezoomt und geknipst. Sobald die ausgiebige Fotosession beendet ist, ziehen sich die Helden der Kamera ins Warme zurück und werten ihre Trophäen aus. Starren stundenlang auf Displays und Bildschirme, während hinter den Scheiben des Panoramadecks die Antarktis verschwenderisch ihre Schönheit zeigt, eine Schönheit, die die meisten Passagiere ein einziges Mal im Leben zu Gesicht bekommen werden.

Das erinnerte mich an Friedrich Wilhelm Hackländers wunderbare Beschreibung aus dem 19. Jahrhundert über »Reisende Engländer im Orient«: »Während der vier Tage, die wir zusammen reisten, kam die Lady vielleicht zweimal auf's Verdeck, um sich die Gegend anzusehen. Während der übrigen Zeit ließ sie sich von ihrer Kammerjungfer ansagen, wo sie sich gerade befand, und sah sich dann in ihrem Guide viel lieber die Stahlstiche an, die im Grunde schöner waren als die Gegend selbst, und was die edle Dame viel bequemer hatte.« Die Kamera erweist sich in diesem Zusammenhang als Kammerjungfer des globalen Bürgertums.

Als ich mit Studentinnen und Studenten der New York University einen Tag lang durch Manhattan wanderte, durch ganz Harlem und dann noch ein gutes Stück durch die Bronx, hatte ich die Devise ausgegeben, auf Kameras und Google Maps zu verzichten, allein den eigenen Sinnen zu vertrauen. Doch eine der Studentinnen knipste immer wieder, wenn sie sich unbeobachtet fühlte. Nachdem wir die West 122nd Street entlanggeschritten waren, gesäumt auf beiden Seiten mit schönen, gut erhaltenen *brown stone houses*, eine Zeitreise ins Gilded Age, bat ich die junge Frau, mir zu beschreiben, was wir gerade gesehen hatten. Während sie stotterte und stammelte, versuchte sie, einen Blick auf das Display ihrer Kamera zu erhaschen, um mir beschreiben zu können, was diese aufgenommen hatte. Sie hatte das Sehen schlichtweg ausgelagert (auf Neudeutsch *geoutsourct*). Aber wie hatte sie ihre Sinne stattdessen genutzt? Auf diese Frage hatte sie keine Antwort.

Inzwischen ist das Selfie manch einem ein zentrales Bedürfnis auf Reisen. Dass die Sagrada Familia und Mary Ordinary beziehungsweise Otto Gewöhnlich sich einen Bildrahmen teilen, ist noch lange kein ausreichender Beweis dafür, dass die beiden in einer sinnvollen Beziehung zueinander stehen. Im Gegenteil, die scheinbar souveräne Selbstinszenierung ist eine Illusion, das Selfie eine mediale Währung, die auf einem Blechstandard beruht. Eigentlich müssten die Touristen auf den Selfies unscharf erscheinen, denn noch haben sie kein Verhältnis zur Sehenswürdigkeit im Hintergrund entwickelt – sie haben einen Beleg ihrer Anwesenheit geschossen, noch ehe sie angekommen sind. Selfies sind Phantombilder.

Manche Reisen werden nur wegen der zu ergatternden Fotos unternommen. Auf einer Insel in den südlichen Malediven sind vor allem Frischvermählte aus China untergekommen. Sie reisen mit einem professionellen Fotografen an, die Wohlhabenderen unter ihnen sogar mit Visagistin. Sie verbringen ihre Tage damit, angetan mit Anzug und Brautkleid Hochzeitsbilder zu schießen, die sich an den üblichen westlichen Inszenierungen orientieren: Hand in Hand durch die Brandung; Braut fällt Gemahl in die Arme, im Hintergrund die Lagune; unter Palmen ein Tänzchen ohne Musik. Den restlichen Tag über laufen sie mit Schwimmweste herum, gegen sechs Uhr am Nachmittag reihen sich alle am Strand auf und passen fotografisch den Sonnenuntergang ab. Schon nach wenigen Tagen reisen sie wieder ab. Ihr Ehrgeiz gilt allein den Fotos, sei es als Prestigekapital oder als Beleg sozialen Aufstiegs.

Ich habe nichts gegen Fotografie, im Gegenteil, ich würde jederzeit einem Ansel Adams oder Sebastião Ribeiro Salgado auf Augenreise folgen, doch wenn wir auf Slideshows und digitale Galerien zurückgreifen müssen, um uns erinnern, statt uns verlassen zu können auf das, was wir mit eigenen Augen erfasst haben – samt dem Geruch, der Wärme oder Kälte, den Nebensächlichkeiten am Rande unseres Interesses –, dann wird die Fotografie zum Fluch. Großartige Fotografen – wie etwa Thomas Dorn, Horst Friedrichs und Christian Muhrbeck, mit denen ich Reisen durch Indien, Mali und den Balkan unternommen habe – pflücken nicht Motive am Wegrand wie frühsommerliche Blüten, sie versenken sich geduldig in die vorgefundene Realität, ähnlich wie bewusst beobachtende Reisende, die sich in den Anblick ikonografischer Denkmäler, propellernder Kolibris oder ungewöhnlicher Pflastersteinmuster versenken und ins Sinnieren geraten, dem Alltag und der Ichbezogenheit enthoben.

»Früher zeichnete man auf Reisen, um sich erinnern zu können, wo man war«, schrieb Albert Camus vor mehr als einem halben Jahrhundert. »Heute filmt man auf Reisen, um zu erfahren, wo man gewesen ist.«

Gemeinhin nimmt man an, die »Sehens-Würdigkeit« sei einem bestimmten Ort, einem bestimmten Gebäude eingeschrieben. Das ist ein Missverständnis. Das deftige Bibelwort von den »Perlen vor die Säue« spitzt das Problem zu: Der Betrachter muss sich des Sehens erst würdig erweisen. Wären die kulturhistorischen Höhepunkte nicht mit drei Sternen oder einem Ausrufezeichen am Seitenrand des Reiseführers unübersehbar markiert, wie viele Urlauber würden an ihnen vorbeigehen, vor allem wenn sie nicht durch ihre imposante Größe in den Sucher hineinragen? Das gilt für uns alle. Ein jeder von uns verschmäht gelegentlich die Perlen. Die glitzernden Ungetüme von Swarovski etwa erscheinen mir hässlich und überflüssig, und doch besuchen Millionen von Menschen die »Kristallwelten« in Tirol. Das Sehenswerte entsteht durch ein Zwiegespräch zwischen Objekt und Betrachter. Wenn wir aus Unwissenheit oder Abneigung das Gespräch verweigern, lassen wir die vermeintliche Attraktion links liegen. Es sei denn, wir folgen blind dem erhobenen Zeigefinger der dringenden Empfehlung. Beim Sehen ist es wie beim Hören: Es dauert eine

Weile, bis wir verstehen, was wir wirklich verstehen. Die Unmittelbarkeit des Visuellen täuscht vor, wir hätten etwas wahrgenommen.

Sehenswürdigkeiten stellen alles andere in den Schatten. Sie stehen an der Spitze einer Hierarchie des Lohnenswerten. Stellen Sie sich einen Touristen vor, der zielstrebig zur Sehenswürdigkeit strebt, der allen erklärt, er sei auf dem Weg zu *der* großen Sehenswürdigkeit der Stadt, er wolle nichts anderes sehen als *diese* Sehenswürdigkeit, also hat er nachgeschaut, wie er am schnellsten dorthin gelangt, er eilt, er hat keine Zeit, zur Seite zu blicken, denn es lockt das begehrte Ziel. Er ärgert sich, dass ihm die U-Bahn vor der Nase weggefahren ist. Er tobt, weil der Taxifahrer in einen vermeidbaren Stau hineingefahren ist. Er erreicht die weltberühmte Sehenswürdigkeit … und dann?

Es ist, als wäre dieser Tourist mit einem Fallschirm mitten in der Stadt gelandet, mit geschlossenen Augen. Das Objekt seiner Begierde ist aus allen Zusammenhängen herausgerissen. Wie unterschiedlich wäre eine Annäherung an die Sehenswürdigkeit, begönne der Tourist irgendwo am Stadtrand seinen Spaziergang, durch Villenviertel und Neubausiedlungen, an Kasernen und Konventen vorbei, wobei er allmählich spüren würde, wie die historische Innenstadt sich ankündigt, durch ein altes Tor etwa oder den Rest einer Stadtmauer oder einer Ringstraße, die zu überqueren ihm Mühe bereiten würde. Er nähme wahr, wie die Sehenswürdigkeit eingebettet ist in die Umgebung, aber auch in die Geschichte. Gesättigt mit Eindrücken würde er die Sehenswürdigkeit erreichen und auf einmal feststellen, dass sie nur ein (besonders leuchtendes) Steinchen in einem sehenswerten Mosaik ist.

Zudem verdrängt das Diktat des Sehenswürdigen das Alltägliche aus unserer Wahrnehmung. Die im indosarazenischen Stil gehaltene Kathedrale des Eisenbahnverkehrs in Bombay namens »Victoria Terminus« ist architektonisch »der Hammer«, überwältigend, ein Glanzstück in diesem unübersichtlichen Moloch, in dieser hektischen Metropole. Die Nahverkehrszüge hingegen, die dort abfahren, sind »normal«, »nichts Besonderes«, nicht im herkömmlichen Sinn »interessant«. So lautet die übliche Priorisierung, das Alltägliche ist dem Touristen meist zu banal. Der Fokus liegt primär auf dem Alten, Pittoresken, Historischen, außerhalb der zivilisierten Zonen auf der vermeintlich unberührten Natur (ob dies tatsächlich stimmt, wird selten überprüft, siehe all jene, die in den Nutzwäldern des Schwarzwalds naturnahen Urlaub machen).

Das Gegenwärtige dagegen wird meist verschmäht. So kommt es zu dem Paradox, dass die Völklinger Hütte im Saarland oder das metallurgische Werk Dolní Vítkovice im tschechischen Ostrava als spektakuläre Sehenswürdigkeit gelten (UNESCO-Weltkulturerbe), existierende Industriegebiete von Reisenden jedoch weiträumig umfahren werden (Ausnahmen wie die Zotter-Schokoladenfabrik in der Steiermark bestätigen die Abstecherregel).

Das Sehenswerte muss unbedingt ursprünglich sein, genauer gesagt, eine Authentizität behaupten. Daher werben die Fremdenverkehrsinstitutionen in Mitteleuropa auf ihren Plakaten und Inseraten gern mit fast ausgestorbenen Berufen wie Schäfer oder Spitzenklöpplerin. Deswegen ist der speertragende Massai in der Savanne ein Abziehbild für romantische Afrikaträume, derselbe Massai auf einem Motorrad, der seine Geschäfte dank der M-Pesa-App über sein Smartphone tätigt, eine Irritation. Um klarer zu sehen, sollten wir uns von simplen Vorstellungen von Zivilisation und Wildnis verabschieden. Der Nomade ist nicht weniger interessant, weil er googelt. Im Gegenteil.

Wir neigen dazu, anderen Augen zu folgen als unseren eigenen. Seit es Tourismus gibt, vertrauen Reisende bestehenden Bildern und Büchern. Sie betrachteten einst die Natur durch den romantischen Filter von Caspar David Friedrich, sie ergötzten sich an Italien mit den Worten Johann Wolfgang von Goethes. Ein Reiseführer aus dem Jahre 1816 wirft einer Schweizer Gipfelaussicht gar vor, »nur eine Landkarte statt eines Poussins, eines Claude Lorrains, eines Salvator Rosas« zu bieten. Die Natur genügte nicht den hohen kulturbeflissenen Ansprüchen. Bestimmte kanonische Texte und ikonische Bilder bestimmen, was wir von der Fremde erwarten. Viele Museumsbesucher lesen zuerst aufmerksam die Beschreibungstafeln, um zu erfahren, wie das Bild zu betrachten sei. Der Titel, die kulturhistorische Einordnung, die Urteile (»ein Meisterwerk der venezianischen Schule«) prägen das Interesse vor. Der erste Schritt zur Befreiung des eigenen Sehens müsste darin bestehen, zunächst die Bilder zu betrachten, auf sich wirken zu lassen, um herauszufinden, was für ein Echo sie in einem hervorrufen. Es ist völlig irrelevant, ob Kunsthistoriker aufgrund der Komposition und des virtuosen Umgangs mit dem Lichteinfall festgelegt haben, dass Gemälde A bedeutender ist als Gemälde B, wenn Letzteres Sie tiefer berührt und mehr beglückt.

Gewiss, das eigene Urteil kann recht eigenwillig ausfallen. In Thomas Bernhards Theaterstück »Vor dem Ruhestand« sagt eine Figur: »Ich finde Paris abscheulich. Für mich war Paris immer die hässlichste Stadt, die ich kenne, eine verstaubte Wüste ... lieber sterben, als in Paris leben.« Das werden zwar wenige nachvollziehen, geschweige denn unterschreiben können, ist aber als Quintessenz einer Reiseerfahrung durchaus legitim. In der bulgarischen Industriestadt Pernik, die vor allem aus Fabrikruinen besteht, erklärte mir die leitende Bibliothekarin, Wien sei ihr so hässlich vorgekommen, all diese übergroßen, militärisch wirkenden Bauten. Ich habe nicht verstehen können, was sie tatsächlich meinte, offensichtlich hatte sie mit Wien nichts am Hut. Anstatt sie verständnislos anzustarren, hätte ich ihr die Völklinger Hütte empfehlen sollen. Etwas misszuverstehen, einem Ort oder einem Kunstwerk nicht gerecht zu werden, ist keine Schande, sondern die natürliche Folge eines eigenen Blicks. Besser gelegentlich ein Banause sein, als nur mit fremden Augen schauen.

Am ersten Tag in Bali sprang ich in die Fluten und kam als blinder Mann heraus. Eine Welle hatte mich nach unten gedrückt und herumgeschleudert, die Kontaktlinsen waren weg. Und die Brille lag brav zu Hause im Etui. Angesichts meiner starken Kurzsichtigkeit, das wurde mir klar, kaum hatte ich wieder Strand unter den Füßen, würde ich von Bali wenig sehen. Ich ärgerte mich den ganzen Tag lang. Doch dann geschah etwas Überraschendes. Ich musste mich den anderen Sinnen anvertrauen. Ich musste, um überhaupt etwas zu sehen, ganz nahe herantreten. Das kostete Zeit und Überwindung. Mein Reisetempo veränderte sich, ebenso meine Wahrnehmung der Umgebung. Weil auch ich mich meist auf die Augen verlasse, fühlte ich mich desorientiert, aber das intensivierte die Wahrnehmung. Die affenartigen Schreie und die Hitze beim Kecak-Tanz (ich saß natürlich in der ersten Reihe), die tranceartigen Kaskaden beim Gamelan-Spiel, die Gerüche der einheimischen Gerichte und tropischen Früchte – meine Erinnerung fällt akustischer und olfaktorischer aus als sonst. Sichtbehindert wie ich war, ist mir Bali ein Ort der Rätsel geblieben, während allsichtigere Freunde von einem durchkomponierten Tourismusprodukt von gehobener Qualität berichten.

Manchmal benötigt man eine spezifische Sehhilfe, vor allem in einer Umgebung, die einem so fremd ist, dass man in die Lage eines Analphabeten zurückgeworfen wird. Die afrikanische Wildnis ist voller versteckter Zeichen, die der europäische Besucher nicht lesen kann. Erfahrene Führer (*ranchers*) nehmen ihre Abc-Schützen an die Hand und erklären ihnen anhand der Spuren im Sand, der gebrochenen Äste, der Blutstreifen, was nächtens wohl geschehen sei, verfolgen die Fährte zu Fuß, bis das Aas einer Antilope das Drama sichtbar macht.

Wer diese Einschulung in das Alphabet des Busches nicht erfährt, der verfängt sich in seinen mitgebrachten

Fantasien. Die Elefanten tragen vermeintlich Hosen in Übergröße, die über ihre X-Beine rutschen, die Zebras werfen sich scheinbar Stofftierblicke zu, die Schwänze der Warzenschweine ragen in die Höhe wie Antennen. Die Paviane warten auf das Kommando zum Affentanz. Unzählige verniedlichende Vergleiche geistern einem durch den Kopf. In den Schriften der frühen Reisenden finden sich derartige Verharmlosungen nicht. Burton, Livingstone, Stanley hatten das Glück, vom »König der Löwen« verschont zu bleiben. Heute müssen wir viel schwitzen und manch eine Nacht inmitten unverständlich-bedrohlicher Geräusche durchwachen, ehe wir unsere Walt-Disney-Konditionierung überwunden haben.

Solche Verklärungen werden immer wieder erneuert. Im Falle Ostafrikas lässt sich die Entstehung eines weltberühmten Klischees zeitlich genau fixieren: Mit der Verfilmung von Karen Blixens Autobiografie »Jenseits von Afrika« hat sich das westliche Bild der Safari (ein arabischstämmiges Wort, das auf Kisuaheli einfach nur »Reise« bedeutet) geändert. Buchungen für luxuriöse, exklusive Camps schnellten schon in der Hauptsaison 1986 in Kenia so sehr in die Höhe, dass sich die Safari-Industrie umgehend anpassen musste. Ein retro Safari-Stil wurde gepflegt, manch ein Camp besorgte sich einen Romantik garantierenden *white hunter*. Bei Hemingway war die Safari eine Selbstprüfung mit ungewissem Ausgang, bei Sydney Pollack ist sie eine luxusgezähmte Erregung. Die Wildnis ist medial domestiziert worden.

Vor einigen Jahren erhielt ich ein Geschenk von einem treuen Leser, ein selbst veröffentlichtes Buch mit dem Titel »Die Welt ist groß und Rettung lauert überall« (so wie der Titel meines ersten Romans). Der Herr, 75 Jahre alt, hatte Eindrücke von seinen lebenslangen Reisen gesammelt, von einer frühen Reise nach Brasilien im Jahre 1958 bis zu einem Besuch kürzlich in Myanmar. Als ich durch diese wunderschön gestalteten Memoiren blätterte, war ich beeindruckt von der Ähnlichkeit mit einem Kunstkatalog. Das Format, das Design, die Mischung aus Kunst und Dokumentation, aus Skizzen und Fotografien, die ästhetische Präsentation, die Zitate berühmter reisender Dichter, von Goethe bis Hajime Nakamura, die essayartigen Einschübe als Metaebene – alles erinnerte mich an den luxuriösen Katalog eines renommierten Museums, nicht an das intime Tagebuch eines Reisenden.

Aus Leidenschaft hatte dieser Mann seine Reisen in eine Ausstellung verwandelt, seine Erinnerungen als Exponate arrangiert – der moderne Reisende als sein eigener Kurator. Das Ergebnis war schön, aber es hinterließ in mir einen schalen Nachgeschmack. Alles war informativ, ausgewogen und aussagekräftig, es gab aber kein einziges Beispiel von Befremdung oder Desorientierung, von Scheitern oder Schmerz, es fehlte die noch so leiseste Ahnung von Verwandlung. Das Werk präsentierte Reisen als eine Übung des Sammelns, von Bildern wie auch von Weisheitskörnern. Dieser Mensch war offensichtlich ein typischer Individualreisender gewesen. Dennoch unterschied sich die sichtbare Quintessenz seiner Reisen kaum von dem, was ein interessierter Mensch in einer Woche im British Museum an Eindrücken sammeln könnte.

Nichts motiviert einen so sehr, die Augen offen zu halten, wie ein Reisetagebuch, ob *scrap book* oder Kladde, ganz nach eigener Fasson. Ob man am Abend Stichworte notiert oder einen ganzen Aufsatz niederschreibt, ob man Eintrittskarten aufhebt und kommentiert, ob man in kleinen Skizzen den Tag Revue passieren lässt, all das verstärkt die Erlebnisse, führt zu einer geistigen Wiederholung des Erlebten und entspannt. Und es lässt einen am nächsten Tag genauer hinsehen. Denn wer etwas beschreiben muss, der merkt schnell, wie ungenau er es betrachtet hat (so wie die Aufgabe, etwas zu erklären, einem stets verdeutlicht, inwieweit man etwas wirklich verstanden hat). Es muss nicht immer ein Tagebuch sein. Ein Blog oder eine Rundmail erfüllt denselben Zweck. Wer aus Berufsgründen das Erfahrene oft beschreiben muss, der gewöhnt sich an, den Blick mal schweifen, mal ruhen zu lassen und die Einheimischen zu befragen, was sie denn so sehen. Denn zu meiner anfänglichen Verwunderung entspricht meine Sicht nicht immer jener der Menschen, die auf der Alm, im Slum oder in einem Fischerdorf auf Stelzen leben. »Was siehst du denn«, kann der Beginn eines interessanten Gesprächs sein.

Intermezzo: Ein Autor (auf Reisen)

Über das Reisen zu schreiben war schon immer eine schwere Übung, selbst in der Epoche der frühen Entdeckungen. Nehmen wir als Beispiel jene drei Schiffe am Horizont des Jahres 1492: die *Niña*, die *Pinta* und die *Santa Maria*. Nach zweihundertachtzig Tagen grauer See und wechselnder Winde erreichen sie eine Insel von tropischer Pracht. Die alternative Route nach Indien ist vermeintlich gefunden worden. Doch was notiert Christoph Kolumbus in seinem Tagebuch im Augenblick seines höchsten Triumphes? Nicht viel außer einigen vagen Beschreibungen: Die Insel sei »sehr groß« und »sehr grün«. Kolumbus benötigt fast einen Monat, um sich auf die unbekannte Flora und Fauna vermeintlich einzulassen. Er ist verzaubert von den »Eichen« und den »Erdbeersträuchern«, allerdings wissen wir, dass solche in der Karibik nie Wurzeln geschlagen haben. Die »Gänse«, die er beschreibt, sind eigentlich Enten, die

Schädel, über die er stolpert, stammen nicht von Kühen, sondern von Seekühen, und Tabakblätter nennt er Unkraut.

Es ist schwierig, über das Reisen zu schreiben. In Zeiten unzuverlässiger Erzähler ist der Reiseschriftsteller einer der unzuverlässigsten. Als Zeuge berufen, kann er nicht mehr als eine höchst individuelle Nacherzählung anbieten. Was er oder sie gesehen hat, ist stets weniger als das nicht Wahrgenommene, als das Übersehene. Deswegen sollten schreibende Reisende sich davor hüten, zu viel wissen zu wollen. Wie der Autor Alex Capus einmal zu mir sagte: »Selbst ein dort aufgewachsenes Kind weiß viel mehr von der fremden Kultur, als ich es jemals tun werde.«

Auch sollten sie, wenn möglich, nicht urteilen. Urteile über die Fremde haben ein kurzes Verfallsdatum. Zumal meist Blinde über Farben reden. Die Kriterien des Reisenden entstammen stets einem mitgeführten, den fremden Verhältnissen nicht immer angemessenen Koordinatensystem. Es ist nicht Aufgabe des Reiseschriftstellers, Noten zu vergeben.

Dem reisenden Literaten sollte aber ins Auge stechen, wie vieles heutzutage inszeniert ist, was alles simuliert wird. Gegen die Allgegenwart der kommerziellen Illusionen helfen nur Scherz, Ironie und tiefere Skepsis. Unvermeidlich, dass Reiseliteraten sich selbst auf die Schippe nehmen. Was bleibt ihnen anderes übrig? Wer mit einem Hauch von Überlegenheit das Gesehene launig kommentiert, wie zum Beispiel der auf hohem Ross durch die Welt reitende Paul Theroux, der landet in selbstgefälliger Langeweile. Wer selbst am Spiel der Täuschungen teilnimmt, der lässt die Leichtgläubigkeit des Lesers die Spesen bezahlen (die bei seinem Abendessen mit den letzten Kannibalen auf Erden angefallen sind).

Trotz aller Bedenken und aller Schwierigkeiten, der große arabische Reisende Ibn Battuta hatte für alle Zeiten recht mit seiner wunderbaren Aussage: »Reisen – es lässt dich sprachlos, dann verwandelt es dich in einen Geschichtenerzähler.«

11. Pilgerschaft

Gott ist der Freund der Reisenden.

Aitareya Brahmana

Pilger sind besondere Reisende. Ihre Absichten sind klar, ihre Sehnsüchte geschliffen. Ihr Weg ist seit Jahrhunderten, in manchen Fällen seit Jahrtausenden vorgezeichnet. Sie folgen einem irdischen Pfad und sind diesem zugleich entrückt. Sie fühlen sich zur Pilgerschaft verpflichtet, erhoffen sich von dieser zugleich die Erfüllung ihrer persönlichsten Wünsche.

Pilger sind die ursprünglichen Reisenden. Sie reisen (zumindest teilweise) zu Fuß, traditionell mit leichtem Gepäck, auch wenn es in heutigen Zeiten selbst in diesem Metier luxuriöse Varianten gibt (siehe die erlesenen

Nobelhotels um die Große Moschee in Mekka herum), und sie entblößen sich (selbst die reichsten Männer tragen in Mekka lediglich zwei weiße Tücher, das eine um die Hüfte, das andere um die Schultern geschlungen). Ob sie wollen oder nicht, Pilger werden von den Geboten ihres Glaubens gezwungen, richtig zu reisen.

In den meisten Religionen sind Wallfahrten ein wichtiges Instrument der Vergewisserung, mögen die konkreten Ausprägungen noch so unterschiedlich sein: Pilgerwege führen bekanntermaßen nach Jerusalem, Rom und Mekka, aber auch durch Japan (der schönste heißt Shikoku und besteht aus 88 Stationen der Versenkung), durch ganz Indien, etwa zum Tempel des Gottes Ayyappa in Sabarimala in Kerala, sowie zu Schreinen von Sufi-Heiligen in Afrika und Asien.

Die oft geäußerte Behauptung, Reisen sei das Privileg der Wohlhabenderen, gilt nur, wenn man Pilgerreisen außen vor lässt. Denn diese werden mehrheitlich von den Ärmeren unternommen, die jahrelang auf das Ereignis hin sparen, manche von ihnen gar ein Leben lang. Ob auf Hadsch in Mekka und Medina, bei der Maha Kumbh Mela in Allahabad oder zur Basilika Unserer Lieben Frau von Guadalupe in Mexiko-Stadt, die Pilger verfügen oft nur über bescheidene finanzielle Mittel. Die Pilgerreise ist selten luxuriös oder ein Privileg, sie ist dem Leben hart abgerungen.

Pilgern ist eine Kulturtechnik von universeller Geltung, die unabhängig von der jeweiligen Welterklärung und kosmischen Hierarchie einen zentralen Platz in ganz unterschiedlichen religiösen Traditionen einnimmt. Diese Urform der Reise strebt nach Läuterung und Wandlung.

Die Pilgerschaft gilt als rechte Lebensführung, als Instrument der Katharsis, als Mittel zur Erleuchtung. In dem mehr als zweitausend Jahre alten hinduistischen Lehrbuch »Aitareya Brahmana« steht geschrieben: »Es gibt kein Glück für den Menschen, der nicht reist. In Gesellschaft von Menschen wird auch der Beste zum Sünder ... also brich auf. Des Wanderers Füße sind leicht wie eine Blume: seine Seele wächst, erntet Früchte; seine Mühen verbrennen seine Sünden. Also brich auf! Wenn du rastest, rasten auch deine Segnungen, sie stehen auf, wenn du aufstehst, sie schlafen, wenn du schläfst, sie regen sich, wenn du dich regst. Gott ist der Freund der Reisenden. Also brich auf.« (3. Kapitel, 15. Notat)

Auf Sanskrit bedeutet das Wort »Yatra« sowohl Reise als auch Pilgerfahrt: zu einer Vielzahl von über das ganze Land verstreuten heiligen Stätten, dort etwa, wo große Ströme zusammenfließen oder ein Ereignis aus den Epen Mahabharata oder Ramayana stattgefunden haben soll, wobei es üblich ist, die Welt der Mythen in der eigenen Umgebung zu verorten, weswegen sich in der Geografie der Pilgerschaft stets mehrere Orte um mythischen Glanz bemühen (in Bulgarien behaupten sieben Dörfer, Odysseus sei in ihnen geboren). Die Yatra wird meist in der Gruppe vollzogen, sei es die anstrengende Umrundung des heiligen Berges Kailash in Tibet oder die eher gemütliche Busfahrt zum Venkateshwara-Tempel in Tirupati im Bundesstaat Andhra Pradesh. Gemäß den vedischen Texten sollen die Pilger ihre Wallfahrt barfuß und ohne sonstigen Komfort oder Schutz (übersetzt in die Moderne: keine Regenschirme und keine SUVs) unternehmen, um in den Genuss der Segnungen der Yatra zu gelangen. Diese Gebote werden von den meisten Pilgern kaum mehr befolgt, sie erliegen den Angeboten, mit Fahrzeug oder Sänfte bis an die Schwelle des Heiligtums getragen zu werden. Hektische Pilger aus Neu-Delhi oder Bangalore verwechseln das Ziel mit dem Weg, der älteste Denkfehler auf Erden, sie glauben, allein schon die Ankunft an diesem überfüllten Ort sei von spirituellem Nutzen – werch ein Illtum.

Wandermönche hingegen sind im klassischen Sinn spirituell Reisende, eine einst auch im Christentum weitverbreitete Tradition, die hierzulande nur noch selten praktiziert wird, im Gegensatz zu Indien, wo Asketen, Sadhus genannt, weiterhin durch das Land ziehen. Die orthodoxeren unter ihnen verbringen keine zwei Nächte am selben Lagerplatz. Denn die Sesshaftigkeit, das lehren auch die buddhistischen Texte, birgt alle Sünden in sich, ob Gier, Egoismus oder Gewalt. Wer in die Sesshaftigkeit hineingeboren, wer von ihr geprägt und geschult worden ist, wird sie kaum ablegen können. Dem bleibt nur der Ausstieg in Form einer (Pilger-)Reise, diese seltene Auszeit vom alltäglichen Trott. Deswegen benötigt gerade eine Sitzfleischgesellschaft die Pilgerschaft, daher die enorme Ausstrahlung des Jakobswegs, auch auf Menschen, die dem Spirituellen ansonsten eher fern sind.

Die Renaissance des Jakobswegs in Deutschland verdankt sich Hape Kerkeling. Der Tausendsassa wanderte 2001 auf dem Camino Francés über sechshundert Kilometer von Saint-Jean-Pied-de-Port nach Santiago de Compostela und verfasste darüber einen Reisebericht. Darin reflektiert er über sich, Gott und die Welt, notiert

Beobachtungen entlang des Wegs und über seine Pilgergenossen. Dieser Bestseller animierte zigtausend Mitbürger zu einem eigenen Aufbruch nach Spanien, ob dieser nun spirituell motiviert sein mag oder nicht.

Die kommerzielle Entwicklung des Jakobswegs – Gastfreundschaft ist Gaststätten gewichen – gemahnt an den wirtschaftlichen Aspekt von Pilgerpfaden und Pilgerstätten (manche sind quasi höchst erfolgreiche religiöse Start-ups): Der erwähnte Tempel in Tirupati gilt als der reichste in Indien, nicht zuletzt, weil sich alle Pilger den Kopf scheren lassen sollten, als Ausdruck eines Neuanfangs. Bei mehreren Zehntausend Pilgern am Tag kommt eine beachtliche Menge Haar zusammen, durchschnittlich fünfhundert Kilo, die angesichts der weltweiten Nachfrage Millionen einbringen. Indien exportiert jährlich mehr als viertausend Tonnen Echthaar und verdient damit laut dem eigenen Handelsministerium knapp eine Milliarde Dollar. »Tirupati Hair« ist zu einer wichtigen Marke im globalen Haarhandel geworden, Haarverlängerungen aus »Tirupati Hair« sind gefragt. Auf der Hadsch werden die Pilger übrigens auch kahl geschoren, ein weitverbreitetes äußeres Merkmal einer ersehnten inneren Wandlung.

Manche kommerziellen Zentren verdanken ihre Existenz fast zur Gänze den Pilgernden. Der Sufi-Prediger Amadu Bamba gründete 1887 die Klause Touba, in einer Öde im Westen des heutigen Senegal, um sich von der Welt zurückzuziehen und geistigen Fragen zu widmen. Vierzig Jahre später wurde er dort begraben. Der Ruf seiner Heiligkeit verbreitete sich, eine große Moschee wurde errichtet. Noch vor fünfzig Jahren verzeichnete das Dorf etwa fünftausend Einwohner, inzwischen umfasst es laut Schätzungen fast eine halbe Million, das zweitgrößte Ballungsgebiet des Landes. Und einmal im Jahr, am Feiertag des Heiligen, pilgern Millionen nach Touba.

Međugorje in Bosnien-Herzegowina hat auch einen rasanten Aufstieg erlebt. Seit 1981 machen Berichte von Marienerscheinungen und Wunderheilungen immer weitere Runden, brechen Zehntausende auf in dieses abgelegene Dorf nahe der kroatischen Grenze. Obwohl die katholische Kirche den Wallfahrtsort weiterhin nicht anerkennt, zieht die Kleinstadt inzwischen jedes Jahr Besucherzahlen im sechsstelligen Bereich an. So etwas hat Tradition, Bernadette Soubirous' Marienerscheinungen machten aus dem winzigen französischen Dorf Lourdes einen der meistbesuchten Wallfahrtsorte der Welt.

Inzwischen hat die Digitalisierung auch die Welt der Marienerscheinungen erreicht, die Botschaften – stets nur am 2. und 25. jedes Monats empfangen – werden fast in Echtzeit auf der Webseite www.medugorje.org publiziert, weswegen wir wissen, dass am 25. Juni 2018 einem Mädchen vor Ort folgende himmlische Nachricht überreicht wurde: »Liebe Kinder! Dies ist der Tag, an dem der Herr mir aufgetragen hat, Ihm für jeden von euch zu danken, für diejenigen, die sich bekehrt und meine Botschaften angenommen und den Weg der Umkehr und Heiligkeit eingeschlagen haben ...« Bald wird der Umweg über junge Bauernkinder nicht mehr nötig sein, die Erscheinung wird sich gleich im digitalen Raum manifestieren, die virtuelle Pilgerschaft wird entstehen. Indien geht mit gutem Beispiel voran: Seit einigen Jahren ist es möglich, beim berühmten Ganesh-Tempel Siddhivinayak in Bombay seine Opfergaben im Netz darzubringen und auch online der Gottheit auf segensreiche Weise (*darshan* genannt) zu begegnen. Wieso in langen Schlangen ausharren – als ich dort war, kam ich mit einer zweistündigen Wartezeit glimpflich davon –, wenn man sich im Klickumdrehen mit den Göttern gutstellen kann. Interessenten wenden sich bitte an www.siddhivinayak.org.

Was die Pilgerschaft von anderen Reisen unterscheidet, ist ihre Lebendigkeit. Der Pilger betritt selten ein Museum, er klappert keine toten Plätze ab. Für den Touristen ist die Ruine eine Sehenswürdigkeit, der Pilger hingegen vergegenwärtigt in ihr das Versprechen einer Offenbarung, die Spuren in seinem eigenen Leben hinterlässt. Der Tourist ist umgeben von der Substanz der Geschichte, der Pilger benutzt das Überlieferte als Motiv seiner eigenen Läuterung. Pilger sind entschlossen, ihre Reise im Sinne einer überfälligen Selbstkorrektur zu nutzen. Sie werden unterstützt von der vorherrschenden Stimmung, von der sie umgebenden Energie, die sich aus der massenhaften Erfüllung von Sehnsüchten speist. Als ich auf der Kumbh Mela am heiligsten Tag eine *Snaan* ausführte, ein rituelles Bad, mich gänzlich ins schmutzige Wasser versenkte, tauchte ich auf und spürte eine intensive, mir unbekannte Erregung und Beglückung. Ich hätte geschworen, dass die stinkenden Gewässer mich gereinigt und erhöht hatten. Ein argentinischer Pater in Međugorje erzählte, er habe in all den Jahren als Priester noch nie bessere Beichten gehört als an diesem Ort. »Ein guter Baum kann nicht schlechte Früchte tragen«, heißt es beim Evangelisten Matthäus – die emotionalen und geistigen Wirkungen der Wallfahrt sind offenbar nicht von der segnenden Hand zu weisen.

»Es scheint mir, dass ich immer dort besser dran wäre, wo ich nicht bin«, schrieb einst Charles Baudelaire, eine innere Vorwegnahme der Befindlichkeit des modernen Menschen, der stets auf dem Sprung ist. Pilger hingegen sind genau dort, wo sie sein möchten, dort, wo sich ihre Sehnsüchte erfüllen.

Wenn der Mensch das, was landläufig als »geordnetes Leben« gilt, nicht hinter sich lassen kann, um als Wandereremit unentwegt zu reisen, bleibt ihm nichts anderes übrig, als gelegentlich oder zumindest einmal im Leben die Rolle des Pilgers einzunehmen, um zu erfahren, dass die Ziele, die er das restliche Jahr über verfolgt, nebensächlich sind. Das führt nicht zur Schizophrenie – es ist dem Menschen gegeben, verschiedene Realitäten zu leben. (Eine Bekannte, nicht gerade tiefgläubig, wollte unbedingt in einer bayerischen Wallfahrtskirche heiraten. Auch wenn der Weg vom Brautauto zum Eingangsportal nur kurz war, hatte sie das Gefühl, ihre Hochzeit habe dadurch eine besondere Weihe erfahren.) Oft hat man Pilger als Suchende missverstanden, dabei verdankt sich die enorme, ungebrochene Popularität der Pilgerreise dem Ausstieg aus der Zielorientierung. Auf Pilgerschaft will sich selbst ein zahlenfetischistischer Selbstoptimierer dem Unermesslichen aussetzen. Am Ende wartet zwar Santiago de Compostela, doch selbst nach oberflächlicher Lektüre von Hape Kerkeling weiß ein jeder, dass es keineswegs darum geht, dort anzukommen.

Entlang des Ganges wurden wir immer wieder gefragt, wer wir seien und wohin wir gingen (Europäer zu Fuß sind dort eher selten). Es genügte ein Wort zur Antwort: *Padyatra* – wir pilgern zu Fuß. Die Menschen nickten, nun war alles klar. Selbst andere Pilger, Sadhus zumeist, wünschten uns erfreut eine *shubha yatra,* eine gesegnete Pilgerreise. Damit war alles gesagt.

12. Vor der eigenen Haustür oder In den eigenen vier Wänden

Der weise Mensch bleibt zuhause.

Ralph Waldo Emerson

Wohin reist man, wenn man die Augen schließt? Steht man vor einer Tafel, auf der alle erdenklichen Ziele verzeichnet sind, reale wie auch imaginierte, frei, sich eines davon auszusuchen, ermächtigt, auf selbstbestimmten Wegen dorthin zu gelangen? Oder steht man mit einem unleserlichen Ticket in der Hand auf einem Bahngleis, ohne zu wissen, wohin der einfahrende Zug einen entführen wird? Oder findet man sich in einem langen, schmucklosen Tunnel wieder, dem man folgen muss, umgeben von Unbekannten, die sich ebenfalls voranschleppen, ein jeder die Summe seiner Handlungen, die

Summe seiner Versäumnisse? Reist man anders, wenn man nur im Kopf reist? Gibt es einen wesentlichen Unterschied zwischen einem, der die ganze Welt umrundet (wie der erwähnte blinde James Holman), und einem, der nur sein eigenes Zimmer erkundet hat (wie der französische Offizier Xavier de Maistre)?

Wieso schweifen wir in die Ferne? Ist uns die eigene Stadt, das Umland unseres alltäglichen Lebens hinlänglich bekannt? Könnten wir unseren geistigen Horizont nicht auch erweitern, wenn wir zu Hause blieben? Unsere Vorstellungen von Rast und Unrast werden bestimmt vom metaphysischen Konzept des Homo viator, des hastenden Menschen, der vom Hier zum Dort, vom Heim zur Fremde unterwegs ist. Der Homo viator kommt eigentlich nie wirklich an, er kehrt heim und plant schon die nächste Reise, während er das Gepäck der vorangegangenen verstaut. Für ihn ist jeder Aufbruch ein Ausbruch aus dem Gefängnis des Alltags, ein Verlassen des eingeschlagenen Lebenswegs. Der Homo viator, so müssen wir annehmen, verwechselt Ferne mit Erneuerung.

Es gibt aber eine andere Möglichkeit. Wir könnten der Oberflächlichkeit des Alltags widersprechen, indem wir daheimbleiben und vor der eigenen Haustür reisen. Denn jeder Ort kann einem eng vorkommen oder weit sein, in der fernen Welt kann es einem eng ums Herz werden und in der heimischen Enge kann man die weitesten Horizonte entdecken. Die entscheidende Frage ist, wie wir die Zeit verbringen, egal ob in der vermeintlichen Heimat oder in der vermuteten Fremde.

In Theodor Fontanes Kurzgeschichte »Wohin?« wird mit Sympathie ein Berliner Schulrat beschrieben, der einen heißen Sommer lang in der eigenen Stadt Tourist spielt, sich im vornehmen Hotel de Rome einquartiert, mit dem Baedeker in der Hand die Sehenswürdigkeiten abklappert und im vermeintlich vertrauten Umfeld in eine andere Existenz eintaucht.

Selbst ein einziger Ort kann Spielplatz einer Entdeckungsreise werden. Eine Buchhandlung etwa. Da ich seit Jugendtagen davon geträumt hatte, eine ganze Nacht unter Büchern zu sein, allein gelassen mit all der Pracht, ein ungestörtes Tête-à-tête mit der Literatur, ließ ich mich im Sommer des Jahres 2017 in einen meiner Lieblingsbuchläden einschließen, der Wagner'schen in Innsbruck. Welch unbekannte Welten sich mir dort eröffneten, zum Beispiel die Regale »Romantik« und »Erotik« (die meisten Romane dieser Art spielen in New York, offensichtlich das Liebeszentrum der Welt). Eine Weile las ich nur die jeweiligen Titel, woraus sich eine besondere Spontanpoesie ergab: »Jeder Kuss ein Volltreffer«/»Ein Cowboy küsst selten allein«/»Ich bin zu alt für diesen Scheiß«. Ich kreiste um einen großen Tisch, der in blauen Farben Sommerlektüre versprach, samt Muscheln, Korallen, Papageien, Fischen, Sand und einer vermeintlichen Sommerbrise. Ich blätterte die Kalender durch – Island und Irland scheinen besonders viele heimische Wände zu schmücken. Ich stöberte in dem engen Kabuff, wo die bestellten Bücher auf Abholung warteten, beeindruckt, wie viel und wie ausgefallen gereist wird. Irgendjemand in Innsbruck wird bald nach Taiwan, nach Albanien, nach Madagaskar aufbrechen, und irgendjemand plant, ernsthaft ins Power Training einzusteigen. Um sechs Uhr in der Früh dämmerte der Überdruss in mir, und ich verließ diesen Schauplatz menschlicher Kreativität sowie dekadenter Dummheit, eine der schönsten Nachttouren meines Lebens.

Gerade in Buchhandlungen und Bibliotheken trifft man einen besonderen Typus an, den Kopfreisenden, der sitzend zu alternativen Versionen von Geschichte und Gegenwart aufbricht, in die Multiversen unserer Imagination. Solche Menschen gehen auf Einhornjagd, suchen nach einem Schatz oder nach dem Heiligen Gral – Visionäre, Magier, Narren –, und selbst wenn ihre Lanze das Ziel verfehlt, trifft der Schatten mitten ins Herz. Kopfreisende sind Doppelgänger der Globetrotter; wenn sie ihre mentalen Rundgänge unternehmen, verwandeln sie sich in Pilger und Ausgestoßene, in Glücksritter und Schicksalssöldner. Sie stellen sich mit Vorliebe Reisende vor, die gegen die Windmühlen der real existierenden Verhältnisse kämpfen.

Wer ist nicht schon einmal nach Balkonien gereist – heute heißt so etwas *staycation* und ist schwer *in*, spätestens seit George und Amal Clooney ihre Flitterwochen einfach so zu Hause verbrachten –, weil größere Arbeiten am Haus anstanden, das Urlaubsbudget schon verpulvert war oder das Fernweh sich schlichtweg nicht einstellen wollte? Eine derartige freie Zeit bietet die Muße, sich einmal als Reisender in der Heimat zu gebärden, lange aufgeschobene Aktivitäten in die Tat umzusetzen. Das kennenzulernen, was man im Alltag ignoriert, da selbstverständlich vorhanden. Eine Fahrradtour den Neckar entlang unternehmen, den Heurigen in Nussdorf aufsuchen, von dem alle so schwärmen, das neue Spaßbad besuchen, den Garten der Villa Hügel bewundern, eine Ausstellung in der Monacensia besichtigen, mit dem Onkel auf dessen Boot über den Dümmer See segeln. Oder einfach nur auf dem Balkon sitzen und die selbst gepflanzten Blumen betrachten. Um sich an etwas zu erfreuen, muss man es erst einmal richtig sehen.

Leben, wo andere Urlaub machen, das müsste eigentlich die Erfüllung eines Traums sein. Ich habe meist an solchen Orten gelebt und diese nicht wirklich gesehen, weil ich wie die meisten von uns zu sehr im Alltagstrott gefangen war, um die Schönheiten des eigenen Lebensmittelpunkts wertzuschätzen. In München befand sich mein Verlagsbüro schräg gegenüber der Neuen Pinakothek, sodass ich gelegentlich japanischen Touristen den Weg wies. Ich selbst war jedoch in den vierzehn Jahren meines dortigen Aufenthalts nur zweimal in diesem Museum. Gelebt habe ich jahrelang unweit der Theresienwiese. Im Herbst pflasterten australische Bierleichen meinen Weg zur Ludwig-Maximilians-Universität, doch ich habe es in all den Jahren nur dreimal zum Oktoberfest geschafft – und auch nur, weil ich bulgarische, indische oder deutsche Gäste zu Besuch hatte. Die exotische Erregung speist sich aus einer willkürlichen Grenzziehung zwischen dem Vertrauten und dem Andersartigen. Für mich war das Oktoberfest zwar eine rechte Gaudi, aber weil ich mich als Einheimischer empfand, verlor es seinen fremdartigen Charme. Aus meiner Sicht kamen auf der Theresienwiese, im restlichen Jahr meist ein hässlicher Parkplatz, lediglich viele Menschen zusammen, soffen übermäßig und schunkelten zu schlechter Musik, etwas, das vielerorts auf der Welt geschieht, wenn auch nicht in diesen Ausmaßen.

In Kapstadt musste ich den Blick von meinem Schreibzimmer auf die Twelve Sisters und den Strand von Camps Bay verhängen, um schreiben zu können. Ich habe den Anblick verschmäht, für den Menschen 12 000 Kilometer weit fliegen. Täglich habe ich mir vorgenommen, mit einem Buch oder Notizheft in der Hand zum Strand zu gehen. Und täglich blieb ich an meinem Arbeitsplatz. Zu klar sind die Fronten zwischen Alltag und Ausstieg gezogen, um sie leichtfüßig zu überspringen. Ich freue mich darauf, Kapstadt eines Tages als Tourist aufzusuchen.

Und in Wien warte ich auf den Sankt-Nimmerleins-Tag, um die Weingüter am Stadtrand zu besuchen, durch die Lobau zu radeln oder das Boot nach Bratislava zu nehmen. Als ich für meinen ersten Marathon trainierte, lief ich bewusst einmal die Woche kreuz und quer durch die Stadt, um mich mit ihr vertraut zu machen. Jedes Mal war der architektonische und kulturelle Reichtum Wiens eine Offenbarung. Leicht könnte man eine Weltreise durch Wien unternehmen, würde man sich nur diese Nahsicht gönnen. Nik Cohn bemerkt zu Beginn seines grandiosen New-York-Buches »Das Herz der Welt«, er sei am Broadway zu einer Weltreise aufgebrochen; ans Ende der Straße gelangt, habe er festgestellt, dass er schon die ganze Welt gesehen hatte.

Eine besondere Spielart der nahen Ferne ist das Wochenendhäuschen, die Ferienwohnung oder ein Urlaubsort, den man sich zur Zweitheimat macht. Die Schwiegereltern einer Freundin fuhren dreißig Jahre lang allsommerlich nach Bornholm, wählten immer dasselbe Ferienhaus, kannten im betreffenden Kirchspiel wahrscheinlich jeden Einwohner. Aber anders als daheim haben sie auf der Insel fast jede Ecke erkundet. Im Prinzip führten sie die altehrwürdige Tradition der Sommerfrische fort, die ab Mitte des 19. Jahrhunderts auch von der wohlhabenden Bürgerschaft gepflegt wurde – zuvor konnte sich nur der Adel Sommerresidenzen leisten. In den heißen Monaten verlagerte man kurzerhand den gesamten Hausstand inklusive Dienstboten ins ländliche Domizil. Oder man begab sich auf einen modischen Kuraufenthalt, für lange Wochen, um körperlich und geistig zu genesen (oder um der Spielsucht zu frönen, wie Fjodor Dostojewski; nicht von ungefähr entstanden die ersten Casinos in Kur- und Bäderorten, wo sich das Leben behäbiger dreht, weswegen man alles auf eine Zahl oder eine Karte setzen kann).

Kaum eine Nahsicht dürfte radikaler sein als jene von Xavier de Maistre, der mit seinem Buch »Reise um mein Zimmer« – ein Gegenentwurf zu den damals populären Robinsonaden – ein neues literarisches Genre erfand. Mit Forscherblick erkundete er 1790 zweiundvierzig Tage lang seine vier Wände, in denen er nicht ganz freiwillig Logis bezogen hatte, denn er saß eine Arreststrafe ab. Jeden Alltagsgegenstand nahm er neu wahr, räsonierte und reflektierte, kam vom Hölzchen aufs Stöckchen, bereiste dabei philosophische, historische und profane Welten. Nicht einmal den Blick aus dem Fenster gönnte er sich – ein Kunsttopos, der später ganze Galerien füllen sollte, wenn biedermeierliche Fräuleins oder Literaturgranden sehnsuchtsvoll ihren Blick ins Weite schweifen lassen und wir als Betrachter eingeladen sind, ihnen über die Schulter zu schauen, wobei langsam der Wandertrieb in uns hochzüngelt.

Ähnlich vernarrt in die Alltagsgegenstände ist der zeitgenössische Autor Bill Bryson, ein Vielgereister, der in seiner »Kurzen Geschichte der alltäglichen Dinge« (der englische Titel lautet passenderweise »At Home«) den vertrauten Objekten um uns herum seine Aufmerksamkeit widmet, eine bereichernde kulturhistorische Entdeckungsreise. Die fabelhafte Lucy Worsley führt in ihrer BBC-Serie »If walls could talk« eine Tradition fort, die weit zurückreicht, denn schon immer brachten Bilder die Welt ins Haus, zuerst Zeichnungen, Stiche, Gemälde, Aquarelle, später Fotografien. Ab Ende des 19. Jahrhunderts wurde man selbst Teil der abgebildeten Fremde; es reichte, zum nächsten Fotoatelier zu reisen. Dort sorgten Hintergründe mit Gebirgslandschaften oder Meereswellen für Lokalkolorit; Urgroßmutter zog ein Dirndl oder eine Matrosenbluse an, und Urgroßvater setzte sich wahlweise einen Gamsbarthut oder eine Prinz-Heinrich-Mütze auf, fertig war die Illusion des weit gereisten Paares.

Wer von uns ist nicht schon mal mit dem Finger auf der Landkarte oder auf dem Globus gereist, wer hat nicht schon von Expeditionen in entlegene Erdenwinkel geträumt, von Landschaften, Palästen und einer Wüstenluft, die einem trocken ums Gesicht weht, während die

Füße im heißen Sand versinken. Oftmals sind Gedankenreisen befriedigender als die Wirklichkeit, weil keine Hindernisse und Hürden im Weg stehen, wir mit Siebenmeilenstiefeln unterwegs sind und uns alles Öde erspart wird. Im Englischen gibt es einen Begriff für diese Art der Welterkundung: *armchair travelling* (früher sagte man auf Deutsch »Reisen am Kamin«). Ganze Bibliotheken stehen den Reisenden zur Verfügung, wenn sie an der Schreibhand von Dichtern, Entdeckern oder Natur- und Menschenforschern fremde Länder erobern, bequem im eigenen Sessel, wohltemperiert, das Glas Rotwein zur Hand.

Gelegentlich unternehme ich eine Reise durch meine Bibliothek. Die vielen Bücher sind nicht nur gefüllt mit den Gedanken, Erfahrungen und Reflexionen anderer Autoren und Autorinnen, sie spiegeln auch meine eigenen Reisen wider: das orangefarbene Taschenbuch, das ich in Sambia kaufte; der schwere Reisebericht von Richard Francis Burton, den ich durch Tansania schleppte; der Schulatlas, der mich seit vierzig Jahren begleitet; der Schuber mit der Gesamtausgabe von Ludwig Thoma, den ich bei einer Penälermutprobe aus einer Buchhandlung im oberbayrischen Marquartstein geklaut habe; der Ratgeber für zentralamerikanische Flüchtlinge, den mir ein Franziskaner in Chiapas überreichte; die an Eleganz nicht zu überbietende japanische Ausgabe eines meiner Romane, die ich oft betrachte, gerade weil ich die Schrift nicht entziffern kann.

Manche Menschen reisen mittels Briefmarkensammlung durch die Kontinente und zu längst untergegangenen Staaten, manche unternehmen anhand ihrer Kunstpostkarten, die mit Müh und Not in vier Schuhkartons passen, einen Streifzug durch Epochen, Stilrichtungen, fremde Fantasien, andere Sichtweisen. Und manche lassen ihre Miniatureisenbahn durch selbst gebaute Dioramen flitzen – »Ich mach mir die Welt, wie sie mir gefällt«. Nur wenigen ist es vergönnt, wie der Sammlerin Isabella Stanley Gardner, sich ein zauberhaftes Haus einzurichten, um darin täglich, alltäglich in den eigenen vier, reichlich mit Exponaten aller Art geschmückten Wänden eine Reise durch die Welt der Kunst unternehmen zu können. Heute kann jeder Besucher Bostons in diesen Genuss kommen.

Wieder andere widmen sich der Entdeckung der heimischen Botanik. Unser Trauzeuge wandelte letztes Jahr beim nachgetragenen Osterspaziergang auf den Pfaden der eigenen Kindheit, diesmal freiwillig, nicht von den Eltern zur Sonntagswanderung vergattert. Ausgestattet mit einem Pflanzenbestimmungsbuch, frischte er seine Florakenntnisse auf und kehrte abends froh gestimmt zurück von seiner Reise durch *the green, green grass of home*.

Allerdings werden Wanderer entlang der eigenen vier Wände, Nahsichtler oder heimische Flaneure eine wesentliche Reiseerfahrung missen: die Beglückung der Heimkehr, für viele der schönste Aspekt des Reisens. »Ach wie ist's schön, wieder daheim zu sein.« So lauten Schlager, zu denen wir (fast) alle schunkeln könnten.

Intermezzo:
Ein (sanfter) Fußabdruck

An einer Außenwand des Mercato Sant'Ambrogio in Florenz steht in rot strotzenden Buchstaben aufgesprüht: TOURISTEN TERRORISTEN. Im Park Güell in Barcelona brüllt ein Graffito: TOURIST: YOUR LUXURY TRIP MY DAILY MISERY (»Deine Luxusreise ist mein tägliches Leid«). Auf den Wänden der Stadt breitet sich der Spruch aus: *Tourists go home, refugees welcome.* Offenbar will manch einer in der katalanischen Hauptstadt lieber Flüchtlinge aufnehmen als Touristen. Die Einwanderung hat die Stadt verändert, der Tourismus aber destabilisiert sie. Im Jahre 1990 kamen 1,7 Millionen Touristen, 2017 waren es 32 Millionen, das Zwanzigfache der Einwohnerzahl. Mieten schnellen in die Höhe, drängen Alteingesessene aus ihrer Nachbarschaft, Touristen besetzen den öffentlichen Raum. Auch in Venedig, Rom, Amsterdam, Berlin, Lissabon und Palma de Mallorca hat es schon Demonstrationen gegen

Massentourismus gegeben. Die Salzburger überlegen sich händeringend, wie sie die Getreidegasse vor der völligen Verstopfung bewahren können.

Die Einheimischen wehren sich gegen ein Phänomen mit dem modischen Namen *Overtourism*. Auf Deutsch: So viel ist viel zu viel. Jeder Ort hat eine ökologische, kulturelle und emotionale Aufnahmekapazität. Wir diskutieren täglich über Obergrenzen für Flüchtlinge, gestehen uns selbst aber gleichzeitig unbeschränkte Mobilität zu. Das ist nicht nur widersprüchlich, es illustriert einen unkritischen Umgang mit unseren Privilegien. Diese Probleme und Konflikte werden sich übrigens in Zukunft nur noch verschärfen: Die Welttourismusorganisation UNWTO geht für 2030 von jährlich 1,8 Milliarden Reisenden aus, vor allem wegen der neuen, reisefreudigen Mittelschicht aus China, Indien, Brasilien oder Russland.

Urlauber dürfte der Hass, der ihnen entgegenschlägt, eher verwundern. Wie kann es sein, dass das vermeintlich harmlose Bedürfnis, die Schönheiten der Welt zu besichtigen, als Angriff empfunden wird? Wir haben die schönste Zeit des Jahres kulturell verklärt. Erholung, Bildung, Kulturkontakt, Wirtschaftsaufschwung – mit Reisen verbinden wir positive Absichten, beglückende Aussichten, wertvolle Einsichten. Kaum eine andere Industrie produziert so viele paradiesische Abziehbilder. Da die Kehrseite konsequent ausgeklammert wird, wähnen wir uns auf Reisen in einer folgenlosen Blase und daher im Recht. Manche reden gar von einem Recht auf Fernreisen, auch noch zum (staatlich subventionierten) Schnäppchenpreis.

In den Ländern des Südens geht die Ausweitung touristischer Infrastruktur oftmals direkt auf Kosten der Einheimischen, bedroht gelegentlich sogar ihr Überleben, wie etwa bei den Massai in Ostafrika, die schon vor Jahrzehnten von Bernhard Grzimek aus dem Ngorongoro-Krater verbannt wurden, weil Menschen den Eindruck eines Edens stören. Was sich 2017/18 in Loliondo östlich des weltberühmten Serengeti-Nationalparks ereignet hat, ist symptomatisch für einen schwelenden Konflikt: Mehr als 20 000 Massai wurden von ihrem angestammten Land vertrieben, ihre Häuser (*bomas*) verbrannt, der traditionelle Zugang zu Wasserlöchern wurde ihnen verwehrt, damit wohlhabende Safari-Touristen ungestört Löwen und Antilopen bestaunen und gelegentlich jagen können. In einer Studie des Oakland Institute bezeugt ein Massai, eines der Safari-Unternehmen habe ein Zeltlager für Kunden in seinem Dorf errichtet: »Stellen Sie sich vor, ein Fremder kommt und baut ein Gebäude mitten in Ihrem Heim.«

Fälle dieser Art gibt es weltweit unzählige. Oft beansprucht der Tourismus Land, das den Einheimischen weggenommen werden muss, mittels Bestechung, Drohung oder Gewalt.

Es wäre blauäugig, sich als Reisender außerhalb der ausbeuterischen Mechanismen des neoliberalen Kapitalismus zu wähnen. Auch der Tourismus verletzt zunehmend Menschenrechte: Landraub, Kinderarbeit, Zwangsprostitution, Ressourcenverbrauch.

Deswegen ist es oberste Aufgabe des modernen Reisenden, möglichst behutsam unterwegs zu sein, sanft aufzutreten, einen kleinen Fußabdruck zu hinterlassen. Es würde an dieser Stelle zu weit führen, alle Aspekte eines umweltbewussten und Menschen achtenden Reisens auszuführen. Bücher wie »FAIRreisen« von Frank Herrmann legen detailliert und kompetent dar, worauf man achten sollte, damit die eigene Erholung nicht auf dem Rücken der Fremde ausgetragen wird. Angesichts der Überfülle an Informationen im Internet braucht es nur einen wachen, (selbst)kritischen Geist, um herauszufinden, welches Reiseverhalten besonders schädlich ist. Wer sich in dieser Frage auf einen verantwortungsbewussten Reiseveranstalter verlassen möchte, dem sei der Verband für nachhaltigen Tourismus (www.forum-andersreisen.de) empfohlen.

Die gute Nachricht: Die Intensität des Reisens steht umgekehrt proportional zum angerichteten Schaden. Wer zu Fuß unterwegs ist, schadet der Umwelt kaum und wird dafür mit bleibenden Erlebnissen belohnt. Am anderen Ende der Skala stehen die Kreuzfahrten: ökologisch verheerend, dafür oberflächlich und erlebnisarm. Zunehmend geht es bei diesen Verschiffungen nicht um die Entdeckung der Welt, sondern um Vergnügen und Verwöhnung an Bord. Das bezahlt die Umwelt und damit wir alle sehr teuer: Die Schiffe verbrauchen täglich im Durchschnitt 150 Tonnen giftiges Schweröl, für Luft und Wasser eine Katastrophe, aber billig! Und das bei rund 500 Kreuzfahrtschiffen weltweit – Tendenz steigend. In Häfen wurden 500 000 Feinstaubpartikel pro Kubikzentimeter gemessen – an befahrenen Straßen in Berlin hingegen »nur« 15 000 (so ein Fachmann in Frank Herrmanns Buch). Auf diesen dreckigen Rußschleudern unterwegs zu sein bedeutet, die Augen zu verschließen, nicht nur vor der Welt, sondern auch vor den Folgen des eigenen Tuns.

Angesichts der horrenden Ökobilanz des Flugverkehrs sollte man natürlich auch das Fliegen wenn möglich einschränken und zum Beispiel kurze Abstecher nach New York zum Shoppen vermeiden. Leider geht der Trend in die andere Richtung: Wir reisen immer mehr, aber zunehmend kürzer. Die durchschnittliche Reisedauer der Deutschen beträgt nunmehr etwas mehr als zwölf Tage, 1980 waren es noch achtzehn Tage. Nicht einmal jede zehnte Reise dauert drei Wochen oder länger. Auch hier gilt: Es ist in unserem eigenen Reiseinteresse, länger aufzubrechen, um aus dem Alltag wirklich auszusteigen, um tatsächlich irgendwo anzukommen. Wer also das wahre Reisen anstrebt, der vermeidet die schlimmsten Umweltsünden, aus Liebe zur Sache. Mit Moral hat dies nichts zu tun, eher mit Vernunft und tieferer Einsicht.

Von einem, der auszog, das Reisen zu lernen

Nur selten wird jedoch bedacht, dass das Reisen philosophische Probleme aufwirft, das heißt Fragen, die über das Praktische hinausgehende Überlegungen erfordern. Wir werden überhäuft mit Ratschlägen, wohin wir reisen, hören aber nur wenig, warum und wie wir reisen sollten.

Alain de Botton

Ein jeder von uns ist unterwegs. Wir suchen das Unbekannte und landen oft im schmerzlich Vertrauten: Blechlawinen auf Autobahnen und Ringstraßen; Parkplätze, dichter besetzt als je ein Friedhof, kilometerlange Warteschlangen vor Seilbahnen und Museen. Kaum ein Fleckchen Erde ist vor unserer Mobilität sicher. Wo die

Sonne hinscheint, steht eine Liege bereit. Wie die Heuschrecken schwärmen wir über jeden paradiesischen Garten aus. Und wenn es uns abenteuert, tauchen wir zu Schiffswracks hinab, schweben in Heißluftballons über die Savanne oder brechen uns einen Weg durch das nicht mehr ganz so ewige Eis.

Wahrlich, wir sind viel unterwegs. Wir fahren durch die Welt, aber wie viel erfahren wir von ihr?

»Ich nehme an«, schreibt Paul Fussell in seinem Buch »Abroad. British Literary Travelling Between the Wars«, »dass Reisen jetzt unmöglich ist und dass wir nichts anderes mehr haben als den Tourismus.« Der Tod des Reisens ist schon oft verkündet worden (es sind schon viele Nachrufe geschrieben worden, auf die Geschichte, den Roman, die Natur, sogar das Essen). Das muss nicht unbedingt stimmen, sonst wäre der Spruch »Totgesagte leben länger« nicht entstanden.

Allerdings lässt es sich schwerlich abstreiten, dass der Tourismus weltweit Freilichtmuseen kuratiert, die umso kulissenhafter werden, je mehr Besucher sie anziehen. Ganze Stadtteile, Kleinstädte und sogar Regionen haben sich als Ziele nostalgischer Zeitreisen neu definiert und die historischen Fassaden zu einem verführerischen Memento mori aufpoliert. Zum UNESCO-Weltkulturerbe erklärt zu werden ist oft der Todeskuss: Das alltägliche Leben weicht, die Inszenierung übernimmt das Regiment. Fragen Sie die Bewohner von Regensburg, wo die Mieten seit dieser »Auszeichnung« regelrecht explodiert sind. Ich lebe in der Nähe eines anderen Beispiels, der Wiener Innenstadt, in der nichts dem Zufall überlassen wird. Selbst die Exkremente der Droschkenpferde, die Touristen durch das denkmalgeschützte Areal ziehen, wirken wie Teil einer perfekten Installation (der Fiaker hält noch die Zügel in der Hand; der Wasserer, der Knecht, der die Pferde mit Wasser versorgte und wusch, ist verschwunden). In Paraty, einer kleinen Küstenstadt zwischen Rio de Janeiro und Santos, ist jedes Haus in einen Souvenirladen oder ein Restaurant verwandelt worden, und alles ist so sauber und so steril wie ansonsten nur in Museen oder Labors.

Selbst Heruntergekommenes wird präserviert und präsentiert. Houtouwan gilt als Chinas schönstes verlassenes Dorf; das einst wohlhabende Fischerdorf auf der Insel Shengshan wurde von den Einwohnern vor Jahrzehnten aufgegeben, seitdem hat es die Natur zurückerobert; die Mauern sind moosbedeckt. Inzwischen kommen Touristen in größerer Zahl, um zu betrachten, wie die Natur die Fassaden der Zivilisation hochklettert und ganze Häuser verschlingt. Eine Aussichtsplattform mit Blick auf das Dorf wurde eröffnet (Eintrittspreis: drei Dollar), gegen eine Gebühr von acht Dollar können Besucher das hügelige Dorf umwandern, und vor den leeren Häusern stehen Warnschilder. Sollte die Menschheit je den Mars besiedeln, ist leicht vorstellbar, dass ähnliche Geisterfahrten zur guten alten Erde angeboten werden.

Fremde Kulturen werden ähnlich in Szene gesetzt wie die Natur in einem Zoo oder in einem botanischen Garten – wer neugierig ist, muss sich nur ein Ticket für den Themenpark kaufen. Das Cherokee Heritage Centre in Tahlequah, Oklahoma, zeigt traditionelle Korbflechterei in einem »typischen« und »authentischen« Cherokee-

Dorf. In Dubai ist alles Traditionelle ins Museum verbannt, wo einem die Vorzüge der natürlichen Ventilation erklärt werden, bevor man ins voll klimatisierte Hotel zurückfährt. Der Tourismus schafft Oasen der nostalgischen Verklärung. Die fotogenen chinesischen Fischernetze in Kochi, Kerala, ragen über die plätschernden Wellen, gefischt wird mit ihnen nur noch der Besucher wegen, die von diesem altmodischen Prozess fasziniert sind, bereit, für das Privileg zu bezahlen, einen Fisch zu essen, der in dem gemächlichen Rhythmus längst vergangener Zeiten gefangen wurde, nicht von einem jener gewaltigen Industrieschiffe, die unsere Ozeane leer fischen. Je mehr der globale Kapitalismus die kulturelle und wirtschaftliche Vielfalt zerstört, desto mehr gleicht das Reisen einem Rundgang durch bis ins letzte Detail programmierte Simulationsräume, einem Durchstöbern von visuellen Archiven in einer klimatisierten Lustkuppel. Die grandiose Fernsehserie »Westworld« imaginiert eine Zukunft, in der wir alle unsere Fantasien, auch die düsteren, auf einer Reise in den Wilden Westen verwirklichen können, in einem abgeschotteten Revier, dessen Sträucher und Saloons täuschend echt aussehen, tatsächlich aber von einem straff strukturierten Konzern mithilfe von Robotern und modernster Technologie gefakt werden.

Warum also überhaupt noch reisen?

Wirkliches Reisen setzt ein gewisses Maß an Selbstüberwindung voraus. Das ist natürlich leichter proklamiert als getan. Denn es bedeutet, dass wir uns auf etwas einlassen, von dem wir nicht wissen, wie es ausgehen wird.

Dass wir der Fremde zugestehen, uns zu berühren. Uns durchzuschütteln. Das ist Reisen im Sinne der uralten Kulturtechnik des Pilgerns, auf der Suche nach Erkenntnis und Erhöhung. Reisen dieser Art haben wenig gemein mit dem modernen, komfortablen Tourismus. Der Sinn des Reisens ist mittlerweile auf den Kopf gestellt – anstatt sich der Fremde auszusetzen, bezahlt man viel Geld, um ihr aus dem Wege zu gehen. Was diese Industrie als Reise verkauft, ist oft die Vermeidung von wahrem, existenziellem Reisen. Irritationen, Befremdungen, Irrungen und Wirrungen sollen vermieden werden, an ihre Stelle treten die erwähnten Freilichtmuseen, die eingerichtet sind wie Einkaufszentren: die Bequemlichkeit des Konsumenten steht im Mittelpunkt.

Shopping ist der ultimative Ausdruck zeitgenössischen Reisens. Einst waren Souvenirs materielle Ausdrucksformen des Unbekannten. Erinnerungsstücke, aber auch Beweise von Andersartigkeit. Nun ist ein Besuch im Museumsshop in den Tagesablauf eingeplant, die Verweildauer im Museum entspricht fast jener im Shop. Ich kenne Menschen, die das Museum nur wegen seines schicken Ladens aufsuchen. Natürlich erwartet keiner mehr eine antike Figur oder Vase, eine rituelle Maske oder einen echten Massai-Speer. Der zeitgenössische Reisende ist nicht naiv, er akzeptiert gnädig, dass die Souvenirs massenhaft in China hergestellt werden (in Marrakesch habe ich vor Kurzem anhand des prächtigen marokkanischen Nippes die Probe aufs Exempel gemacht: Zunehmend genervt antwortete der Verkäufer Mal um Mal: »Made in China«).

Die Entwicklung verläuft schon seit Jahrzehnten in diese Richtung, und doch sprechen wir wie selbstverständlich von Reisen, so wie wir weiterhin unkritisch »Demokratie« und »Natur« im Mund führen, ungeachtet all der bedrohlichen oder gar zerstörerischen Veränderungen. Wir sollten als Reisende unsere Illusionen ablegen. Uns nicht mehr leiten lassen von der Frage, was »authentisch« und was »inszeniert« sein könnte – das meiste ist »authentische Inszenierung«, ergo »echtes Theater«. In einem System, das alle Lebensbereiche der Ökonomie unterwirft, gibt es keine kommerzfreien Zonen mehr, das sollte uns klar sein …

Wie enttäuscht wir als Zwanzigjährige waren, im abgelegenen marokkanischen Dorf Aït Benhaddou, als wir von den Berbern zuerst verköstigt und dann zur Kasse gebeten wurden. Unsere Erwartungen an die lautere Gastfreundschaft wurden durch die flehentlichen und zunehmend aggressiven Forderungen der älteren Frauen zerfetzt.

Plattformen, die als gut gemeinte Internetbörsen gegenseitigen Tausch und Austausch ermöglichen sollen, haben sich innerhalb kürzester Zeit in Effizienzmaschinen zur wirtschaftlichen Nutzung verwandelt (siehe Airbnb).

Die grassierende Listenmanie ist Teil dieses Phänomens der bestmöglichen Nutzung und größtmöglichen Ausnutzung. Ich bekenne mich schuldig. Wir führen in meiner Familie seit Langem eine kompetitive Liste der von uns bereisten Länder. Wir vergleichen regelmäßig unsere Punkte. Mein Vater und ich gehen schnurstracks auf die hundert Länder zu, das ist beachtlich, aber auch völlig irrelevant. Wir sammeln wertlose Trophäen, haben aber schon eine Vielzahl von Freunden angesteckt, die nun ebenfalls Buch führen über ihre Reiseziele und sich über ihre wachsende Länderzahl freuen.

Die Erwartungen der Reisenden von einst können nicht mehr die unseren sein. Wir werden das Unberührte nicht mehr finden, es sei denn, wir durchqueren die Antarktis mit Hundeschlitten. Stattdessen erwartet uns allüberall auf der Welt jenseits der inszenierten Areale eine verwirrend vielfältige und widersprüchliche Realität, der wir uns stellen können. Statt Karl-May-lauschiger Erinnerungskultur in Themenpark und Museum könnten wir in die Pine Ridge Reservation fahren, nach Wounded Knee, wo sich die unversöhnlichen Welten der Indianer und der US-amerikanischen Armee beziehungsweise Polizei zweimal gegenüberstanden. Dort würden wir von einem Besoffenen den heroischen Kampf der Oglala nacherzählt bekommen und von einem Verkäufer schlampig geflochtener Traumfänger etwas über die grimmige Gegenwart erfahren (unter anderem, wie in einem Krankenhaus in Rapid City jemand bei einer Operation »KKK« ins Fleisch des indianischen Patienten geritzt hat). Weder Sitting Bull noch Crazy Horse, weder Touch-the-Clouds noch Rain-in-the-Face würden zu neuem Leben erwachen, die Faszination der Jugendromane von Käthe Recheis und Liselotte Welskopf-Henrich stellte sich nicht ein, aber die schroffe Landschaft und die brutalen Verhältnisse würden uns berühren, so eine Reise bliebe unvergesslich (an all die besuchten Museen auf meiner Reise durch Indianerland kann ich mich hingegen nicht mehr erinnern, nicht einmal an das hervorragend kuratierte National Museum of the American Indian in Washington, D. C.).

Wir reisen nicht mehr, um zu entdecken, sondern, um zu besichtigen, heißt es oft. Die Entdeckung von allgemein Unbekanntem ist tatsächlich passé, was aber nichts daran ändert, dass wir weiterhin subjektiv Unbekanntes entdecken können. Auf den Malediven können wir »entdecken«, wie mit Baggern Sand vom Meeresboden geschaufelt wird, als Wall gegen den steigenden Meeresspiegel, wie die Versorgung entlegener Eilande funktioniert, wie die Einheimischen, die weit verstreut auf verschiedenen Atollen leben, zum Arbeitsplatz pendeln, mit kleinen Flugzeugen und noch kleineren Booten. Außergewöhnliche Reiseerlebnisse hängen nicht vom Ziel oder vom Weg ab, vielmehr werden sie von dem ungewöhnlichen Blickwinkel und der besonderen inneren Einstellung getragen.

Entdeckungen auf eigene Faust sind schön, aber manchmal ist es sinnvoll, sich jenen anzuvertrauen, die mehr Zeit und Kenntnis haben. Je weniger Zeit man hat, desto eher sollte man sich in Profihände begeben. Neulich traf ich Freunde in Budapest, uns stand nur ein Tag zur Verfügung, also buchten wir eine Gourmet-Tour über eine Firma namens www.urbanadventures.com. Wir waren, außerhalb der Saison, allein mit einer kompetenten Führerin, die Kunstgeschichte und Englisch studiert hatte und uns innerhalb von fünf Stunden mehr auftischte, als wir verdauen konnten, und viel mehr, als wir hätten selbst auskundschaften können, zumal man schlecht spontan in besondere Orte der Gastronomie hineinspazieren kann – ohne Reservierung lässt sich meistens kein Tisch ergattern. Für eigenwilliges Reisen bedarf es viel Zeit und einiger Freiheit – wenn es einem an beidem mangelt, erscheint das genaue Gegenteil sinnvoll: sich ein Angebot aussuchen, das den eigenen Interessen entspricht, möglichst klar beschrieben, möglichst intim offeriert.

Das Reisen lehrt einen vieles, aber wenn ich es auf eine Sache reduzieren müsste, dann wäre es wohl die Erkenntnis, wie willkürlich die eigenen Beurteilungen sind. Wenn man immer wieder vor Augen geführt bekommen hat, dass sich die eigenen Annahmen als falsch oder zumindest fragwürdig erweisen, dann steht man jenen Überzeugungen, die befremdlich wirken, weniger missbilligend gegenüber. Ich glaube nicht, dass man Vorurteile ausrotten kann. Aber die eigene Haltung zu einem bestimmten Vorurteil kann sich verändern. Wir können lernen, uns mit einer gewissen Selbstironie zu betrachten und zu sagen: Na ja, so bist du halt, so bist du konditioniert, so bist du geprägt. Aber bilde dir bloß nicht ein, ein halbes Jahr ohne Privilegien im Südsudan würde dich nicht verändern.

Wir sollten uns emanzipieren von dem Einfluss vorgefertigter kultureller Erfahrungen und unsere Urteile zu Hause lassen. Der Wunsch, die Fremde zu verändern (stets zu ihren Gunsten natürlich), verhindert eine wirkliche Begegnung, ein Gespräch auf Augenhöhe. Wenn wir die Fremde auf das Negativ der eigenen Weltanschauung reduzieren, werden wir ihr nicht gerecht. Im Gegenteil, wir werden sie umso mehr fürchten, was auch uns zum Nachteil gereicht.

In einer Erzählung von Daniel Kehlmann aus dem Band »Ruhm« wird die Schriftstellerin Maria Rubinstein (Schreibende schreiben gern über Schreibende) in Kasachstan von ihrer Reisegruppe irgendwo zurückgelassen. Ohne Geld und Sprachkenntnisse. Nicht einmal das Handy funktioniert. Was folgt, ist eine Horrorfantasie von Verlust und Verschwinden. Kasachstan ist eine exemplarische Fremde in reinstem Negativ: bedrohlich, unverständlich, feindselig. Ausgeworfen zu sein in solcher Fremde ist wahre Höllenpein. Jedem Leser muss es davor grausen. Doch könnte diese Fiktion auch ganz anders weitergesponnen werden. Als Befreiung, als Chance. Frau Rubinstein ist ausgezogen, Nervenkitzel zu spüren, ohne das Fürchten lernen zu müssen. Sie könnte stattdessen lernen, das Fürchten zu überwinden, indem sie sich dem Unverständlichen aussetzt.

Denn das Unverständliche hat seinen ganz eigenen Reiz. Ich sitze gern in Bussen, umgeben von einer mir völlig unbekannten Sprache, sagen wir etwa Xhosa; mir ist es lieber, nichts zu verstehen, als alles zu verstehen. Ich habe mich selten im Leben gänzlich verirrt, und wenn, dann gehören diese Erfahrungen zu meinen schönsten. Im Okavango-Delta in Botswana wollte der Bootsführer eine Abkürzung nehmen (die zwei Worte *short cut* nahmen eine herausragende Stellung in seinem sehr begrenzten englischen Wortschatz ein). Er zeigte immer wieder auf eine Stelle im Sumpf, die so aussah wie alle anderen, und beschwor unseren zunehmend schwindenden Optimismus mit dem Schlachtruf »Short cut!«. Zwei Tage folgten wir dem *short cut* in die Irre, biwakierten zweimal auf kleinen Inseln und spürten am eigenen verschwitzten und zerbissenen Leib die Weite des größten Binnendeltas der Welt.

Timbuktu mag in großen Teilen verfallen sein, und bis zu den Terrorangriffen von 2012/13 war es fast in Vergessenheit geraten, aber in dieser unwirklich scheinenden Stadt, in der Sanddünen durch die Straßen kriechen, wird das schriftliche Gedächtnis der Sahel aufbewahrt: Verträge, Familiengeschichten, religiöse Texte, Rezepte, Briefe sowie Diplome aus jener Zeit, als die Universität in Timbuktu zu den gelehrtesten der Welt zählte. Als ich 2011 einige Wochen in Timbuktu verbrachte, war die moderne Kommunikation mit der Außenwelt allerdings äußerst eingeschränkt: Es gab keine direkte Telefonverbindung, kein funktionierendes Festnetz und ein tiefes Funkloch, sodass ich bei dringendem Bedarf auf eine Düne am Stadtrand steigen musste, in den Schuhen nicht den Sand von Hawaii, sondern der Sahara. Ich fühlte mich wie am Ende der Welt; ich genoss es zunehmend, derart abgeschnitten zu sein von den pulsierenden Netzwerken der ständigen Erreichbarkeit. Wer aufbricht, das Ende der Welt zu suchen – und das ist ein wichtiges Reisemotiv –, der sollte sich freuen, Augenblicke außerhalb der Zeit zu finden. Deswegen ist man schließlich losgezogen.

Ziellos reisen ist weiterhin der beste Umweg. Zweckfrei zu reisen ist schwer, aber lohnenswert. Die Reise sollte nicht schwer an Plänen oder Erwartungen tragen. Wieso nehmen wir uns etwa vor, eine gute Zeit zu haben? Wieso beschwören wir das Schicksal mit Provokationen wie: »Das wird ganz wunderbar« oder »Das wird richtig geil«? Eine zu sehr aufgeladene Vorfreude neigt dazu, einem die Reise zu vermiesen, wenn die erwartete Beglückung ausbleibt. Viele Reisende leiden daran, dass Vorgefundenes und Erwartetes nicht deckungsgleich sind. Wir neigen dazu, alles zu strukturieren, selbst die Überwindung von Stress! Wir suchen Oasen der Ruhe, in denen es fast paramilitärisch diszipliniert zugeht. Wellnessurlaub in entlegenen Winkeln, wo die Landschaft zwar geruhsam um einen wogt, die Anwendungen aber nach Stechuhr vollzogen werden. Wie kann es sein, dass wir uns in der freiesten Zeit des Jahres auf einen durchgetakteten Tagesplan einlassen? Offenbar besitzen wir ein unausrottbares Bedürfnis nach Ordnung. So kann sich wirkliche Entschleunigung samt ihrer therapeutischen Wirkung kaum entfalten.

Gerade bei organisierten Reisen geht es erstaunlich wenig entspannt zu. Der Urlaub ist einem akribischen Zeitplan unterworfen. Nicht nur die Reiseroute, alle Aktivitäten sind vorausgeplant. Müßiggang ist aber eines der Synonyme für Reisen. Der müßige Reisende verwandelt sich allmählich in ein Kind, er lässt sich treiben, in die Welt hinein, die Neugier sein einziger Führer, er entdeckt das Staunen wieder. Er fühlt sich entfesselt durch das Nichtstun.

Wenn der Kalender schon dem Reisen Fesseln anlegt (und wer kann das schon gänzlich vermeiden, außer Wandermönche und Erbschleicher), sollte der Reise wenigstens die eine oder andere Leerstelle aufgezwungen werden, eine Terra nullius der Zeit, ein unbekanntes Land also, von dem wir nur wissen, dass es sich von

Mittwoch bis Samstag erstreckt. Verpflichten Sie Ihren Reiseplan zu Episoden des Müßiggangs, so werden Sie manch anderes als erwartet erleben.

Für mich ist das höchste Ideal des Reisens die Veränderung des Reisenden. Reisen, die solchen Ansprüchen genügen, sind aufwendig und anstrengend, sie erfordern Zeit und Mühsal, sie verlangen uns einiges ab. Wir haben den Planeten vermessen, die Welt kartiert und den Menschen übergroß gemacht. Alles wird verortet in einem der etablierten Koordinatensysteme. Wir müssen aufbegehren gegen diese Entzauberung der Welt. Das Gefühl der Befremdung bleibt auf der Strecke, das Gefühl, sich zu verlieren, das Gefühl, nicht zu verstehen. Es entschwindet die existenzielle Überraschung. Und wir werden mangels Übung sofort umgeworfen vom kleinsten Erdbeben. Natürlich kann sich keiner von uns bei jeder Reise völlig entblößen, und es ist nicht vorstellbar, dass Milliarden von Menschen eigene Wege einschlagen. Aber es wäre lohnenswert, wenn wir unsere Aufbrüche öfter hinterfragen würden, um das Schönste am Reisen zur Geltung zu bringen.

Wann immer ich diesen Anspruch formuliere, wird mir vorgeworfen, elitär zu sein. Gestresste Bürger sollen sich im Urlaub mal ausruhen können, das hätten sie verdient. Das mag sein, aber kann man in einer Gesellschaft wie unserer, in der viele Menschen den Luxus einer Urlaubsreise genießen, was für neunzig Prozent der Menschheit undenkbar ist, wirklich nicht erwarten, dass sie diese freie Zeit, diese Möglichkeit, unterwegs zu sein, im Rahmen ihrer finanziellen und geistigen Möglichkeiten wenigstens teilweise nutzen, um sich weiterzuentwickeln? Um ihren Horizont zu erweitern? Um über die perversen Ungerechtigkeiten auf Erden ein wenig nachzudenken? In »Utopia« von Thomas Morus wird über den weltgewandten Raphael gesagt: »Er ist nicht als Seemann gesegelt, sondern als Reisender, oder besser gesagt als Philosoph.« Dürfen wir in einer derart wohlhabenden und gebildeten Gesellschaft wirklich nicht fordern, dass Reisen ein wenig zur philosophischen Reflexion beiträgt?

Letztlich hängt alles davon ab, ob wir von der Heimat in die Fremde und wieder zurückreisen oder die Fremde in Heimat verwandeln. Ob wir uns vorstellen können, dass unsere Wurzeln in die Zukunft wachsen. »Unternimm eine Reise, mein Freund«, schreibt der Dichter Rumi, »vom Ich zum Selbst.« Solch eine Reise verwandelt die ganze Welt in eine ergiebige Fremde. Sie folgt keinen vorgegebenen Pfaden, sondern bahnt sich ihren eigenen Weg.

Intermezzo:
Ein (zauberhaftes) Buch

Würdiger Leser, geschätzte Leserin, es gilt, die Ruhmeshalle der Entdecker und Erforscher um zwei Namen zu bereichern: *Wolf* und *Bärchen*. Wolf, ein großer, bärtiger Mann, ist Expeditionsleiter, Koch und Chronist in einem; im Bordbuch trägt er gelegentlich den Namen Julio. Bärchen, auch Carol genannt, sitzt an seiner Seite und navigiert gelegentlich. Und *Fafnir*, der rote Drache, der so langsam kriechen kann wie kein anderer, wird künftig in einem Atemzug mit der *Mayflower* oder *Santa Anna* zu preisen sein. So begab es sich also, dass am 23. Mai 1982 Wolf, Bärchen und Fafnir vom verregneten Paris aufbrachen, sich nach wenigen Minuten auf die Autobahn nach Marseilles wagten, mit der Absicht, diese erst wieder zu verlassen, wenn sie alle Rastplätze erforscht und an jedem zweiten die Nacht verbracht hätten. Es sei vorweggenommen, dass die Reise einen guten Monat später triumphal am Mittelmeer endete.

Von Tag zu Tag tauchen die Reisenden tiefer in eine Welt ein, deren Existenz bisher noch von keinem Chronisten gewürdigt worden war – die sträflich vernachlässigte Welt der Rastplätze. Unbestechlich genau dokumentiert das Logbuch die Fauna und Flora jenseits der Leitplanken, die Bauweise der Motels und die Sitten jener seltsamen Eingeborenen, die der städtischen Hölle, der Luftverschmutzung und dem Krach entfliehen wollen und dazu neigen, ihre Fahrzeuge so nah wie möglich an der Autobahn zu parken, praktisch an der Einfahrt oder Ausfahrt des Rastplatzes, um dort schnell ein Sandwich zu verdrücken und sich die Beine so weit zu vertreten, wie der Asphalt reicht. Derweil geben sich unsere Forscher, ausgestreckt auf Liegestühlen unter einem riesigen Baum, ephemeren Betrachtungen hin.

Im Laufe der Expedition verschwindet die Autobahn in die Bedeutungslosigkeit. Die kurze Fahrt zwischen zwei Rastplätzen übt fast keinen Einfluss mehr auf ihre Reise aus. Sie befreien sich aus der Zwangsherrschaft der Autobahn – gelange möglichst schnell von A nach B. Der selige Frieden, den sie neben der Überholspur entdecken, entlockt unseren Abenteurern Stippvisiten in die Kindheit, inspiriert sie zu philosophischen Ausflügen, poetischen Sprüngen und luftig-irdischen Liebeserklärungen.

Dieses Buch – Julio Cortázars und Carol Dunlops »Die Autonauten auf der Kosmobahn« – sollte häppchenweise genossen werden: man kann sich über die im wahrsten Sinne des Wortes schrägen Fotos amüsieren, sich auf die Abhandlungen über die Glückseligkeit oder die Bräuche im Parkingland konzentrieren, man kann sich auch nur am Kampf der Rastenden gegen Ameisen, Spinnen und Schnecken ergötzen. Oder man kann seine Aufmerksamkeit den täglichen Speiseplänen angedeihen lassen, die für künftige Nachahmer dokumentieren, mit welch wissenschaftlicher Akribie dem Skorbut getrotzt wurde.

Lesetipps

Wer, anstatt zum Flughafen zu eilen, in die nächste Buchhandlung flaniert, der kann Neues entdecken, ohne das eigene Revier zu verlassen. Es reicht, ein Buch aufzuschlagen, um hoch hinaufzusteigen, tief hinabzutauchen. Reiseliteratur – seit der »Odyssee« von Homer eine narrative Grundform – erfreut sich weiterhin großer Beliebtheit.

Einen der Vorteile, die heutige Leser gegenüber ihren Vorfahren genießen, ist die enorme Auswahl. Zu den Klassikern, die immer wieder neu entdeckt und aufgelegt werden – ein schönes Beispiel ist der Band »Mehr Mut als Kleider im Gepäck« –, gesellt sich eine faszinierende Vielfalt zeitgenössischer Berichte. Während die Erzählungen aus früheren Jahrhunderten meist aus der Feder von Männern im Dienste des Kolonialismus und/oder der Wissenschaft standen, schreiben heute mal eine Elefantenliebhaberin, mal ein Motorradfreak, mal ein Blinder auf Wanderschaft, mal eine Skeptikerin auf Pilgerreise, mal ein Aussteiger, mal eine Sozialaktivistin, mal ein Rollstuhlfahrer von Aufbrüchen in eine jeweils andersgeartete Fremde. Selbst abenteuerliche Expeditionen sind noch möglich, wie der spannende Bericht des französischen Polarforschers Jean-Louis Etienne über die erste Durchquerung der Antarktis auf Hundeschlitten (»Transantarctica«) zeigt, wie die vielen erfolgreichen Sachbücher über Glanz und Elend extremer Bergbesteigungen beweisen. Die folgende Auswahl ist insofern nur eine bescheidene Empfehlungsliste. Es lässt sich vieles mehr finden, dort draußen im unermesslichen Dschungel der Bücherwelt.

Edward Abbey: *Die Einsamkeit der Wüste*. Matthes & Seitz 2016, aus dem Englischen von Dirk Höfer

Alain de Botton: *Kunst des Reisens*. S. Fischer 2003, aus dem Englischen von Silvia Morawetz

T. C. Boyle: *Wassermusik*. dtv 2015, aus dem Englischen von Dirk van Gunsteren

Bill Bryson: *Eine kurze Geschichte der alltäglichen Dinge*. Goldmann 2011, aus dem Englischen von Sigrid Ruschmeier

Bruce Chatwin: *Traumpfade*. S. Fischer 1992, aus dem Englischen von Anna Kamp

Nik Cohn: *Das Herz der Welt*. Hanser 1992, aus dem Englischen von Dirk van Gunsteren

Julio Cortázar/Carol Dunlop: *Die Autonauten auf der Kosmobahn*. Suhrkamp 2014, aus dem Spanischen von Wilfried Böhringer

Matthias Debureaux: *Die Kunst, andere mit seinen Reiseberichten zu langweilen.* Nagel und Kimche 2017, aus dem Französischen von Patricia Klobusiczky

Jean-Louis Etienne: *Transantarctica. Expedition durchs Eis.* Goldmann 1995, aus dem Französischen von Ilse Rothfuss

Theodor Fontane: *Von, vor und nach der Reise.* Aufbau 1999

Alexander Frater: *Regen-Raga. Eine Reise mit dem Monsun.* dtv 1997, aus dem Englischen von Bettina Runge

Paul Fussell: *Abroad. British Literary Travelling Between the Wars.* Oxford University Press 1982

Alex Garland: *Der Strand.* Goldmann 1999, aus dem Englischen von Rainer Schmidt

Mechthild Haas, Dossi, Dabide: *Gestaltete Sehnsucht. Reiseplakate um 1900.* Wasmuth 2016

Christoph Henning: *Reiselust.* Insel 1997

Frank Herrmann: *FAIRreisen.* Oekom 2016

Erling Kagge: *Stille.* Insel 2017, aus dem Norwegischen von Ulrich Sonnenberg

Julia Keay: *Mehr Mut als Kleider im Gepäck: Frauen reisen im 19. Jahrhundert durch die Welt.* Piper 2009, aus dem Englischen von Ulrike Budde

Dan Kieran: *Slow Travel. Die Kunst des Reisens.* Rogner & Bernhard 2013, aus dem Englischen von Yamin von Rauch

Dean MacCannell: *The Tourist.* University of California Press 1999

Xavier de Maistre: *Reise um mein Zimmer.* Aufbau 2011, aus dem Französischen von Eva Mayer

Mark Mason: *Walk the Lines. The London Underground, Overground*. Arrow 2013

George Mikes: *Wie man Reisen vermeidet* in: *Wie wird man ein Original*. Scherz 1961, aus dem Englischen von Wilhelm M. Treichlinger

Nicholas Mirzoeff: *How To See the World*. Penguin 2015

Jason Roberts: *Die ganze Welt im Sinn. Wie der blinde James Holman zum größten Reisenden der Geschichte wurde*. Blessing 2009, aus dem Englischen von Walter Ahlers

Johann Gottfried Seume: *Spaziergang nach Syrakus im Jahre 1802*. Die Andere Bibliothek 1985

Danksagung

Ich danke all jenen, die mir auf meinen vielen Reisen Gesellschaft geleistet haben, vor allem meiner Frau, Susann Urban, die mich von Ort zu Wort begleitet und ohne deren Hilfe dieses Buch so nicht entstanden wäre.